Rolf Hosfeld (Herausgeber)
Vera Kettenbach
Thomas Linden
Norbert Raffelsiefen
Annette Schaefgen
Hanna Styrie
Tom Unverzagt
Olaf Weiden
Hans-Christoph Zimmermann

Köln

und Umgebung

Kultur *ver*führer

3., aktualisierte Auflage

D1665413

In dieser Reihe sind bereits erhältlich:
Berlin, Düsseldorf, Frankfurt/Main, Hamburg, Leipzig, München, Ruhrgebiet, Stuttgart, Wien

Helmut Metz Verlag

Inhalt

Liebe Leserinnen und Leser,

wer Köln einen Besuch abstattet, verfügt in der Regel über einen kultivierten Kopf. Schließlich blickt die alte, große Stadt nicht nur auf zweitausend Jahre Tradition zurück, sie hat sich auch immer wieder neu erfunden und hört damit nicht auf. Wenn sich die weltweiten Größen des Kunsthandels treffen, dann tun sie das auf der Art Cologne. Die Stadt gilt mit ihrer Vielzahl an Galerien als einer der Seismographen aktueller Kunst und hat beeindruckende Sammlungen klassischer Moderne vorzuweisen. Von Köln gingen immer Impulse aus. Die ältesten lassen sich im Römisch-Germanischen Museum besichtigen, andere, wie das beseelte Mittelalter Stefan Lochners, im Wallraf-Richartz-Museum und der witzigste aller Surrealisten, Max Ernst, in seinem Heimatort Brühl. Köln war und ist aber auch eine Hauptstadt der Musik, und besonders der Neuen, die ohne den WDR kaum denkbar wäre. Doch das Faszinierendste an Köln ist seine bodenständige Schlagfertigkeit und Gelassenheit, die wahrscheinlich kaum jemand so verkörpert wie die beiden Urkölner Heinrich Böll und Willy Millowitsch.

Es gibt viel zu entdecken in der Kölner Bucht. Einiges hat sich seit der letzten Auflage dieses Buches verändert, anderes ist hinzugekommen. Lassen Sie sich verführen.

Herzlichst, Ihr

(Rolf Hosfeld)

THEATER

Die Kölner Region ist eine deutsche Theaterlandschaft. Schauspiel Köln, Schauspiel Bonn und Pina Bauschs Tanztheater in der Nachbarschaft. Von der soliden Bühnenästhetik bis zum Off-Theater und der amüsanten Unterhaltung findet man hier große Auswahl.

Schauspiel Köln

Künstlerische Höhenflüge wider den politischen Geist

Der Kölner fühlt sich eigentlich nur von seinesgleichen verstanden. Deshalb war das Hurra groß, als nach den glücklosen Jahren von Marc Günther 2007 die in der Domstadt geborene Karin Beier zur Intendantin des Schauspiels berufen wurde. Sie hatte sich bereits als junge Studentin mit Shakespeare–Spektakeln einen Namen gemacht und dann als freie Regisseurin bis zum Olymp des Wiener Burgtheaters hochgearbeitet. Der Einzug in ihre Heimatstadt war triumphal, doch Karin Beier ließ sich nicht vereinnahmen. Schon ihr erster Spielplan bescherte den unterhaltungsseligen Kölnern Nachhilfestunden in Sachen aktuelle Theaterästhetik und damit zugleich eine faszinierende Wanderung auf dem Höhenkamm der Avantgarde. Neben ihrer eigenen, sinnlich-mitreißenden „Nibelungen"-Deutung kamen der herausfordernde Theterasket Laurent Chétouane, der lettische Regisseur Alvis Hermanis und die österreichisch-dänische Gruppe Signa zu Wort, die mit ihrer gewaltigen Installation „Die Erscheinungen der Martha Rubin" prompt zum Berliner Theatertreffen eingeladen wurde.

Dass Karin Beiers Reserve gegenüber der kölschen Vereinnahmung ihre Berechtigung hat, zeigt ein Blick in die schwierige Beziehungsgeschichte Kölns zu seinen Bühnen. Obwohl hier seit fast zweitausend Jahren gespielt wird, erlebte die Domstadt bis nach dem Zweiten Weltkrieg kaum theatrale Glanzzeiten. Der freien Reichsstadt fehlten zunächst das Gepränge einer höfischen Residenz und später ein selbstbewusstes Bürgertum, die ein Theater als Ausdruck ihres Standesbewusstseins hätten tragen können. 1872 wurde das erste städtische Schauspielhaus in der Glockengasse erbaut, doch das Theater verkam schnell zum Spekulationsobjekt. Mehr Schaubude als Schaubühne. Eine Konsolidierung trat erst nach 1945 mit den Intendanten Herbert Maisch und später Oscar Fritz Schuh ein, der 1962 auch das neu erbaute Schauspielhaus am Offenbachplatz eröffnete. Überregionale Triumphe feierte das Kölner Schauspiel dann unter der Leitung von Hansgünther Heyme und dessen Nachfolger Jürgen Flimm. Heyme baute ein hervorragendes Schauspielensemble auf und verband mit seinen Schiller-Inszenierungen, Ibsen-Projekten und Uraufführungen von Peter Weiss und Tankred Dorst politische Anliegen mit hohem ästhetischem Anspruch. Jürgen Flimm wiederum gelang es danach, den gesellschaftspolitischen Anspruch in den kritischen Ästhetizismus der Achtziger zu überführen. Nicht zuletzt wusste er als „kölsche Jung" mit Presse und Kulturpolitik umzugehen. Klaus Pierwoß als Nachfolger blieb eher glücklos. Erst Günter Krämer wusste

Schauspielhaus, West-End-Theater, Schlosserei Offenbachplatz Krebsgasse Köln-Innenstadt
U: Neumarkt, Appellhofplatz
Halle Kalk Neuerburgstraße Köln-Kalk
U: Kalker Post
F: Karten 0221 / 22 12 84 00, Spielplan 22 12 84 60, 0221 / 28 01 (Karten)
E: 9-33 €
M: info@schauspiel koeln.de, vv-kasse-buehnen@stadtkoeln.de
I: www.buehnenkoeln.de

Großes Theater auf dem Hintergrund eines rheinischen Mythos: Friedrich Hebbels tragische Geschichte der Nibelungen im Schauspiel Köln.

Mit der Spielzeit 2007/2008 ist **Karin Beier** neue Intendantin des Schauspiels Köln. Die geborene Kölnerin machte bereits Anfang der Neunzigerjahre durch eine viel beachtete Inszenierung von „Romeo und Julia" von sich reden und wurde 1994 von der Zeitschrift „Theater heute" zur Nachwuchsregisseurin des Jahres gewählt. Prägend für ihre Entwicklung war unter anderem die Zusammenarbeit mit David Mouchtar-Samorai. Nach Zwischenstationen in Hamburg, bei den Münchner Kammerspielen und der Wiener Burg führt sie jetzt das große Haus in Köln.

mit seinem hochästhetischen Inszenierungsstil und einem Sinn für optische Wirkungen das Kölner Publikum wieder zu beeindrucken. Ihm ist auch zu verdanken, dass es 1993 zu einer Neuordnung der Spielstätten mit der großen Bühne, der Schlosserei, der variablen Halle Kalk und dem (inzwischen wieder abgerissenen) lauschigen West-End-Theater kam. Krämers Intendanz endete nach einem heftigen Streit mit dem Kölner Oberbürgermeister und dem Kulturdezernat. Die Nachwirkungen dieser Auseinandersetzung beeinträchtigten sogar noch die Arbeit seines Nachfolgers Marc Günther, der (bei aller nachvollziehbaren, ästhetischen Kritik) von Politik und Presse regelrecht niedergemacht wurde.

Auch auf die amtierende Intendantin Karin Beier kommen schwierige Zeiten zu, allerdings nicht aus politischen Gründen: Zwischen 2009 und 2012 wird der gesamte Theaterkomplex am Offenbachplatz saniert beziehungsweise abgerissen und neu gebaut. Während der Umgestaltung müssen Schauspiel und Oper in Provisorien und Ausweichspielstätten überwintern. Eine gute Gelegenheit, den Kölner Wahlspruch „Et hätt noch immer jot jejange" auf seinen Nennwert zu überprüfen.

Studiobühne Köln

Experimentierstudio und Lehrwerkstatt ohne Kostendruck

Die Studiobühne ist eine Oase innerhalb der städtischen Kulturpolitik. Als Institution der Universität ist sie dem städtischen Finanzgerangel enthoben und kann somit aus ökonomisch sicherer Warte in der freien Theaterszene mitmischen. Ihre Geschichte geht bis in die Zwanzigerjahre zurück, als der Theaterwissenschaftler Carl Niessen die Bühne als Experimentierfeld für angehende Theaterhistoriker ins Leben rief. In den Sechzigern öffnete sich die Studiobühne mit Schauspiel- und Dramaturgiekursen sowie Einführungen in Film- und Videotechnik der gesamten Alma Mater. Seit sie in den groß dimensionierten Räumen der alte Universitätsmensa ein neues Domizil fand, haben Leiter Georg Franke und seine Mannschaft das Haus im Vertrauen auf das kreative Potential der jungen Kursteilnehmer immer stärker dem experimentellen Theater geöffnet. In einer geschickten Gratwanderung gelingen der Studiobühne sowohl Eigenproduktionen talentierter Zöglinge als auch Koproduktionen mit angesehenen Kölner Theatergruppen wie c.t.201 und dem a.tonal.theater. Diese weitsichtige Programmpolitik und die anspruchsvolle technische Ausstattung machen das Haus an der Universitätsstraße zum wichtigsten Spielort der Kölner Off-Szene. Zum hervorragenden Ruf der Studiobühne tragen nicht zuletzt auch die alljährlichen Festivals „Theaterszene Europa" und „Impulse" mit internationalen und deutschen freien Gruppen bei.

Universitätsstraße 16a
Köln-Innenstadt
F: 0221 / 470 45 13
B: 8 / 9 Universität
E: 12 €, erm. 6 €
M: info@studio buehne.eu
I: www.studiobuehne-koeln.de

Glockengasse 11
Köln-Innenstadt
F 0221 / 258 01
53/54
U: Appellhofplatz
E: je nach Veranstaltung
M: info@ theater-am-dom.de
I: www.theater-am-dom.de

Theater am Dom

Star-Theater im Familienbetrieb

Der Name führt in die Irre. Am Dom liegt Kölns renommierte Boulevardbühne mitnichten. Den Namen hatte sich Theatergründer Hubertus Durek selbst ausgesucht, die Stilrichtung nicht. Sein Herz hing eigentlich an der zeitgenössischen Dramatik. In 15 Jahren erspielte er sich mit dem „Westdeutschen Zimmertheater", dann dem „Theater am Dom" einen guten Ruf mit Stücken von Cocteau, Handke und McNally. Bis ihm der Kölner Kulturdezernent Kurt Hackenberg ein festes Haus unter der Bedingung anbot, sich zukünftig dem Boulevard zu widmen. Die Einmischung der Politik in Belange der Kunst ist selten von Erfolg gekrönt, in diesem Falle war sie es.

Durek schlug ein und zog 1964 in das Kellergeschoss der so genannten „Schweizer Ladenstadt". Zwar avancierte das Theater am Dom schnell zur ersten Boulevardbühne am Platze; doch Hubertus Durek war Künstler und kein Ökonom und er konnte von seiner alten Liebe nicht lassen. So schlingerte das Haus trotz großer Erfolge immer wieder am Rande der Pleite – bis Mitte der Siebzigerjahre seine Frau Inge zusammen mit Barbara Heinersdorff die Zügel in die Hand nahm. Seitdem steht das Theater am Dom auf sicheren Füßen. Kooperationen mit Bühnen in Berlin, Düsseldorf und München ermöglichen die maximale Ausnutzung einer Produktion und finanzieren das Engagement teurer Stars. Und davon hatte das Theater am Dom in den letzten Jahren reichlich. Boulevard-Haudegen wie Jürgen Busse, Karin Dor, Elke Sommer, Hans-Jürgen Bäumler und Susanne Uhlen garantieren dem 350-Plätze-Theater Auslastungsquoten zwischen 90 und 100 Prozent. Und was den Nachwuchs hinter der Bühne angeht, muss man sich im Haus Durek/Heinersdorff auch keine Sorgen machen; mit Oliver Durek in der Geschäftsführung und René Heinersdorff als hochbegabtem und versiertem Regisseur bleibt weiterhin alles in der Familie.

Kammerspiele
Am Michaelshof 9
Bonn-Bad Godesberg
F: 0228 / 77 80 01,
0228 / 77 80 22
B & T: Bad Godesberg
Bahnhof
E: je nach Veranstaltung
Halle Beuel
Siegburger Straße 42
Bonn-Beuel
B: 529 / 537 / 538
Schauspielhalle Beuel
Werkstattbühne
Am Boeselagerhof 1
Bonn-Innenstadt
B & T: Bertha-von-Suttner-Platz
M: theater@bonn.de
I: www.theater.bonn.de

Theater Bonn

Traditionsbewusster Aufbruch zu neuen Ufern

Nicht, dass die Bonner etwas gegen den neuen Intendanten Klaus Weise hatten, aber ihren alten ließen sie nur ungern ziehen. Elf Jahre hatte Manfred Beilharz den Chefsessel inne, initiierte die Bonner Biennale als internationales Theaterfestival, bescherte den Bonnern das so genannte „Fräuleinwunder" mit Darstellerinnen wie Jacqueline Macaulay, Johanna Wokalek und Louisa Stroux und stand für ein literarisch anspruchsvolles und psychologisch ausgefeiltes Theater.

Goethe mit aktuellen Bezügen: Goethes Frühwerk „Clavigo", das Drama eines zerrissenen Journalisten und Schriftstellers, in der Inszenierung von Stefan Otteni im Schauspiel Bonn.

Damit knüpfte Beilharz an die Tradition Bonns als Stadt des Bildungsbürgertums an. Dem unterwarfen sich bisher alle Nachkriegsintendanten, von Karl Pempelfort über Hans Joachim Heyse und Peter Eschberg bis zu Manfred Beilharz - was umso erstaunlicher ist, weil das Theater nicht den besten Stand in der ehemaligen Bundeshauptstadt hatte. Es war symptomatisch, dass nach der Zerstörung des Bonner Stadttheaters im Bombenhagel 1944 zunächst die Beethovenhalle wieder aufgebaut wurde. Das Theater musste sich - als Parallele zum vorläufigen Hauptstadtstatus der Stadt - zwanzig Jahre lang mit Provisorien wie dem Bonner Bürgerverein und dem Metropol Kino begnügen. Das offene Bekenntnis des Bundes zu Bonn erlaubte 1965 dann den Bau einer neuen Bühne am Boeselagerhof. Doch erst sechzehn Jahre später unter Generalintendant Jean-Claude Riber und Peter Eschberg als Leiter des Schauspiels kam es zu der bis heute gültigen Neuordnung der Spielstätten. Die Kammerspiele in Bad Godesberg avancierten mit ihren knapp 500 Plätzen zum Haupthaus des Schauspiels, im Haus am Boeselagerhof bietet die Werkstattbühne Raum für intime Inszenierungen und im Stadtteil Beuel stehen variable Hallen für theatralische Experimente zur Verfügung.

Mit Beginn der Spielzeit 2003/2004 wurde Klaus Weise zum neuen Generalintendanten berufen. Es dauerte einige Zeit, bis die neue Mannschaft in Bonn Fuß gefasst hatte. Es waren vor allem Weises eigene Arbeiten, wie die in den Fünfzigerjahren angesiedelte, wunderbar atmosphärische „Nora" und eine bedrängende Inszenierung von Neil LaButes „Wie es so läuft", die dem Schauspiel überregionalen Beifall bescherten. Mitverantwortlich für den Aufschwung war auch der junge Regisseur Ingo Berk, der mit seiner eindrücklichen Handschrift Stücken von Kleist, Botho Strauß und Sophokles neue Aspekte abgewann. Vor allem aber kommt das Ensemble um Yorck Dippe, Birte Schrein, Bernd Braun und Jungstars wie Maria Munkert und Philine Bührer immer besser in Fahrt und verortet so das Bonner Theater als eine der wichtigsten Bühne auf der kulturellen Landkarte NRWs.

Auf der Schauspielschule des Kölner theaters der keller lernte **Til Schweiger,** wie man sich auf der Bühne bewegt und artikuliert. Bekannt wurde er dann aber nicht als Theaterschauspieler, sondern durch seine Hauptrollen in Filmen wie „Knockin' on Heaven's Door" und „Männerpension". Schweiger lebte einige Jahre in den USA, bevor er 2004 nach Deutschland zurückkehrte. Er ist ein Multitalent: Schauspieler, Regisseur, Drehbuchschreiber und Produzent.

Kleingedankstraße 6
Köln-Südstadt
F: 0221 / 932 29 59, 0221 / 31 80 59 (Karten)
T: Ulrepforte
E: 16 €, erm. 11 €, Theatertag 8 €
M: info@theater-der-keller.de, tickets@theater-der-keller.de
I: www.theater-der-keller.de

theater der keller

Literarisches mit hohem Unterhaltungswert

„Eine Großstadt braucht viele kleine Theater, sehr moderat, sehr vielschichtig, so dass jeder Geschmack getroffen werden kann" - diese Überzeugung wurde dem Unternehmerehepaar Wolfgang und Ilse Schwarzhaupt zur Richtschnur für ihre langjährige mäzenatische Unterstützung des theaters der keller, die 1973 schließlich im Kauf und Umbau des Domizils in der Kleingedankstraße gipfelte. Ohne diese Hilfe hätte Theatergründerin Marianne Jentgens ihre 1955 eröffnete Bühne nicht durch die Jahre gebracht - trotz eines mit Klassikern,

Anton Tschechows „Drei Schwestern" im theater der keller.

zeitgenössischer Dramatik und literarischem Kabarett gemäßigten Spielplans.

Auch die zur Nachwuchsförderung und als finanzielle Melkkuh gedachte Schauspielschule des Hauses, die sich mit so illustren Absolventen wie Eberhard Feik, Gudrun Landgrebe, Heiner Lauterbach und Til Schweiger inzwischen zu einer der renommiertesten privaten Schulen entwickelt hat, konnte finanzielle und personelle Stürme nicht vollends fern halten. Mit dem Tod der Gründerin 1974 verfiel das theater der keller in einen Jahre andauernden Richtungs- und Führungsstreit, der nur unter großen Schmerzen beendet werden konnte. Doch das ist inzwischen Geschichte und das Haus längst fester Bestandteil der Kölner Theaterszene.

Seit zwei Jahren bestimmt der Regisseur Hanfried Schüttler das Programm und hat dem Haus eine behutsame Modernisierung verordnet. Nach wie vor bilden zwar Klassiker und gemäßigte Moderne die Säulen des Spielplans. Doch Schüttler wagt sich zunehmend auch an Auftragswerke; so mit dem jungen Autor Lothar Kittstein und mit Hüseyin Michael Cirpici und seinem eindrücklichen Projekt „Das Versteck" über die Migrationsgeschichte einer türkischen Familie, das prompt mit dem Kölner Preis für politisches Theater ausgezeichnet wurde.

Theater im Bauturm

Handfestes und lustvolles Theater mit Anspruch

Er läuft und läuft und läuft: Insgesamt knapp 1.000 Vorstellungen hat Patrick Süskinds „Kontrabass" inzwischen auf dem Buckel und will nicht verstummen. Seit 1984 steht Axel Siefer

Aachener Straße 24
Köln-Innenstadt
F: 0221 / 52 42 42,
0221 / 28 01 (Karten)
U: Moltkestraße
E: 15-17 €, erm.
10-11 €
M: info@theater-im-bauturm.de,
I: www.theater-im-bauturm.de, www.theaterszene-koeln.de

FESTIVALS AUCH UNTERWEGS.

Immer aktuell: Die Informationen aus dem aktuellen Festivals-Band gibt es auch für Ihr Handy.

Senden Sie einfach eine SMS mit dem Text „festivals" an die Nummer 8 43 43 *

Ihr persönlicher, kostenfreier Access Code:

F08

*Sie erhalten den Link umgehend per sms zugesandt. Oder gehen Sie mit Ihrem mobilen Browser auf festivalsandmore.mobi

mobileo

damit auf der Bühne des Theaters im Bauturm, Ende offen. Renner wie diesen hatte das Theater in der Aachener Straße immer wieder im Programm, obwohl sie nicht einmal den Schwerpunkt des Spielplans bilden. Denn die Truppe um Theaterleiter Gerhard Haag pflegt die Tradition des kritischen „wellmade Play" von Autoren wie Arthur Miller und David Mamet, und als austarierendes Gegengewicht Dramatik von Jungautoren wie David Gieselmann, Dea Loher oder Marius von Meyenburg. Dass man sich dann auch Stücke wie Yasmina Rezas „Kunst" oder eine Literatur-Adaption wie Antonio Tabucchis „Erklärt Pereira" leistet, hat nicht nur mit finanziellen Erwägungen zu tun. Es gehört zu einer Auffassung, die nicht das theatralische Rad neu erfinden will, sondern handfestes und lustvolles Theater mit Anspruch zum Ziel hat – und das schließt das gut gebaute Unterhaltungsstück mit ein.

Die 1983 eröffnete Bühne hat inzwischen zahlreiche Leitungswechsel hinter sich. Von den Gründern ist niemand mehr dabei; doch das hat dem Bestehen nicht geschadet. Anfang der Neunzigerjahre streifte man durch eine Erweiterung des Zuschauerraums den typischen Off-Theatergeruch ab. Aus der früheren Schuhschachtel wurde ein veritables kleines Haus mit 145 Sitzplätzen. Und fürs leibliche Wohl sorgt ein Café im vorderen Gebäudeteil.

Freies Werkstatt Theater

Spielwiese der Jugend mit maßvollen Experimenten

Zugweg 10
Köln-Südstadt
F: 0221 / 32 78 17
U: Chlodwigplatz
E: 16 €, erm. 10 €
M: fwt-koeln@t-online.de
I: www.fwt-koeln.de,
www.altentheater.de

Ein Schrottplatz war es schon, eine Rollschuhbahn hätte es werden sollen. Ingrid Berzau und Dieter Scholz, die Leiter des Freien Werkstatt Theaters (FWT), haben schon viele Makler kommen und gehen sehen in den letzten 31 Jahren. Trotz gewaltiger ökonomischer Wellentäler hielt das FWT allen Stürmen stand. Im Gegenteil, das Theater hat inzwischen alle fünf Etagen des Hinterhauses in der Kölner Südstadt erobert und ist mit zwei Bühnen und Foyers, Probebühnen, Werkstatt- und Büroräumen zu einem kleinen Theaterzentrum herangereift.

Das FWT ist ein Kind der Laien-Kulturpädagogik der Siebzigerjahre; Projekte mit Schülern und das bundesweit erste Altentheaterensemble sowie Eigenproduktionen zu Themen wie Krebs oder Magersucht standen an der Wiege des Theaters. Der Fokus verschob sich bald und inzwischen bilden Literaturdramatisierungen die zentrale Säule des Spielplans. Alessandro Bariccos „Oceano Mare" hat man sich genauso vorgenommen wie „Flughunde" von Marcel Beyer und den Bestseller „Das Wüten der ganzen Welt" des Niederländers Maarten 't Hart. Man wagt sich allerdings auch immer wieder an gesellschaftlich aktuelle Stoffe wie Konflikte in Migrantenfamilien in dem auf Deutsch und Türkisch gespielten Stück „Wegen der Ehre" von Selma Meray. Doch auch die Unterhaltung kommt mit Lie-

Georg Büchners „Woyzeck" in einer originellen Inszenierung des Freien Werkstatt Theaters.

„Irrungen, Wirrungen", eine dramatisierte Fassung des Romans von Theodor Fontane im Freien Werkstatt Theater, war 2006 für den Kölner Theaterpreis nominiert.

derabenden, Komödien und Soloprogrammen nicht zu kurz. Am Regiepult behauptet sich schon seit einigen Jahren die junge Generation, die gerne die großzügigen Arbeitsbedingungen im Haus am Zugweg in Anspruch nimmt. Ohne im Experimentiersumpf zu versinken, gelingen dabei immer wieder sinnlich eindringliche Inszenierungen, die das FWT zu einer vibrierenden Off-Bühne machen.

Hänneschen Theater – Puppenspiele der Stadt Köln

Die älteste deutsche Puppenspielbühne – immer ausverkauft

Eisenmarkt 2-4
Köln-Innenstadt
F: 0221 / 258 12 01
U: Heumarkt
E: 7,50–22,50 €
M: haenneschen@
stadt-koeln.de
I: www.haenneschen.de

Im Hänneschen Theater wird immer Klartext gesprochen – in kölschem Dialekt. Nun ist es mit dem Klartext des Kölners allerdings so eine Sache. Wer sich den Wappenspruch „Et kütt wie et kütt" (Es kommt wie es kommt) ins Mentalitätsstammbuch schreibt, der attestiert sich damit eine gehörige Wendigkeit im Alltag. Die Inkarnation dieses kölschen Überlebensinstinkts ist das wuselige Hänneschen. Zusammen mit Oma Marizebell und Opa Nikela Knoll sowie seiner Verlobten, dem schnippischen Bärbelchen bildet es die Knollendorfer Sippschaft, zu der im näheren Umkreis noch Figuren wie Tünnes und Schäl, der berlinernde Hauptwachtmeister Schnäuzerkowski und Wirt Peter Mählwurm gehören.

Das Hänneschen Theater ist eine kölsche Institution und die älteste stehende Puppenspielbühne im deutschsprachigen Raum. Ihr Spezifikum ist das Spiel mit Stockpuppen, also Figuren, die mit Hilfe von Stäben geführt werden. Krippenspiel, Volksstück und Commedia dell' Arte standen Pate, als Johann Christoph Winters vor mehr als zweihundert Jahren das Hännesche und seine Sippschaft ins Leben rief. Der „Schäl" ist übrigens nichts anderes als eine Verballhornung des Urgroßvaters von Willy Millowitsch, der damals auf der „schäl Sick", der rechten Rheinseite von Köln, Winters Konkurrenz zu machen versuchte.

Konkurrenz hat das Hänneschen bisher immer überstanden; fast gescheitert wäre es 2003 jedoch an den Kölner Kulturpolitikern, die das seit 1926 in städtischer Regie geführte Haus privatisieren wollten, obwohl es sechzig Prozent seines Etats von 1,8 Millionen Euro an der Abendkasse einspielt. Im Hänneschen Theater wird immer Klartext gesprochen – auf Kölsch. Der Plan wurde abgewendet und das Theater damit gerettet. Unter der Intendanz von Herbert Malchers wurde das Programm behutsam modernisiert; der Zeitgeist hielt nun

Eine Kölner Institution ist das „Hänneschen Theater", bekannt durch sein buntes und volkstümliches Puppenspiel.

auch bei der Knollendorfer Verwandschaft Einzug. Stücke wie „Hännesche und der Pharaonenfluch" oder „Wä hätt dat vun der Tant jedaach" (Wer hätte das von der Tante gedacht) über Mobbing sind keine Seltenheit. Trotzdem oder gerade deshalb ist das Haus in der Kölner Altstadt mit seinen mehr als dreihundert Plätzen sowohl bei Kinder- als auch Erwachsenenvorstellungen fast immer ausverkauft.

Er hat Köln zu einem Markenartikel in ganz Deutschland gemacht: **Willy Millowitsch** galt als größter Volksschauspieler im Land. Und das schon, bevor der WDR im Oktober 1953 zum ersten Mal live eine Aufführung der Kölner Bühne übertrug. Mit „Schnaps, das war sein letztes Wort" landete Millowitsch in den 60ern ganz oben in den Schlagercharts. Seine letzte TV-Rolle als Kommissar Klefisch zeigte noch einmal sein großes Schauspieltalent.

Volkstheater Millowitsch

Dem Schwank sei Dank – Familientraditon seit 200 Jahren

Aachener Straße 5
Köln-Innenstadt
F: 0221 / 25 17 47,
0221 / 28 01 (Karten)
U: Rudolfplatz
E: 19-24 €
M: info@millowitsch.de
I: www.millowitsch.de

„Sie landen mal beim Millowitsch!" bekam der frühere Intendant der RuhrTriennale Jürgen Flimm von seinem Deutschlehrer zu hören. Eine Warnung, die als Auszeichnung zu verstehen ist, denn wer wie Willy Millowitsch für einen ganzen Berufszweig stehen konnte, musste schon zu Lebzeiten eine Legende sein.

Die Millowitschs sind eine Theaterdynastie, die seit dem späten 18. Jahrhundert in Köln residiert. Zunächst widmeten sie sich dem Spiel mit Stockpuppen, bis Willys Großvater 1895 erstmals typisch kölsche Figuren wie Tünnes und Schäl leibhaftig auf die Bühne brachte: „Ich will es euch bekunden, die Puppen sind verschwunden. Es war mir zu gewöhnlich, wir spielen jetzt persönlich". Damit begann die Volkstheaterära der Familie Millowitsch. Den Spielplan beherrschten Possen, Volksstücke, Operetten und Schwänke wie „Et fussig Julche" – alles im breitesten Kölner Dialekt gespielt. Um jedoch auf Tourneen verständlich zu bleiben, wurde aus Kölsch zunehmend „Kölsch met Knubbele", ein allgemein verständliches Adenauer-Rheinisch.

Schon während des Zweiten Weltkriegs übernahmen Willy Millowitsch und seine Schwester Lucy die Leitung des Hauses an der Aachener Straße. Sie erneuerten das Repertoire, verbannten kölsche Figuren wie Tünnes und Schäl von der Bühne und öffneten das Theater dem Fernsehen. „Der Etappenhase" oder „Drei kölsche Jungen" wurden so zu bundesweiten TV-Erfolgen und Willy Millowitsch zum Fernsehstar, ob als Volkstheaterschauspieler oder später als Kommissar Klefisch.

Die Millowitschs waren immer ein Familienbetrieb und so war es selbstverständlich, dass 1999 nach dem Tod von Willy sein Sohn Peter an die Spitze des Hauses rückte. Zwar stehen Schwänke wie „Et kütt wie et kütt", „Saionara, Tante Klara" oder „Echt Kölnisch Wasser" weiterhin im Zentrum des Spielplans, doch inzwischen taucht auch schon mal ein ernsthaftes Stück bei Millowitschs auf. Doch Tradition ist Tradition und da der Kölner von jeher lieber unscharf formuliert, bleibt das geflügelte Wort „Loss mer nohm Millowitsch jon" (Lass uns zum Millowitsch gehen) weiterhin gültig.

Marriott
KÖLN

Mittendrin, aber anders

Das neue Köln Marriott Hotel liegt im Zentrum der Stadt: 200 Meter von Dom und Hauptbahnhof entfernt. Für Privat-oder Geschäftsreisende sind wir der perfekte Partner. Sie haben die Wahl zwischen 282 modernen Zimmern und Suiten inklusive Executive-Lounge mit Blick über die Dächer Kölns.

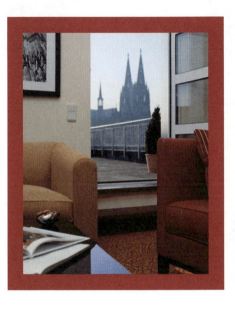

Für Gaumenfreuden und das leibliche Wohl lädt die „Fou, Brasserie etwas anders" zu französisch-asiatischer Küche ein. Dieses gastronomische Highlight ist bewusst „anders" und überrascht mit seinen singenden und Fahrrad fahrenden Kellnern.

Köln Marriott Hotel
Johannisstr. 76 -80
50668 Köln
Tel. 0221 -94 222 0
cologne.marriott@marriotthotels.com
www.koelnmarriott.de
www.brasserie-fou.de

Mit Stilwillen und Anleihen bei Bob Wilson: „Margot und Hannelore – ein deutsches Königinnendrama" im a.tonal.theater.

Weitere Theater

Die vollständigen Adressen und Infos finden Sie im Register.

Der Vielzahl an freien Gruppen steht in Köln eine durchaus beträchtliche Anzahl an Spielorten gegenüber. Doch nur wenige Bühnen überschreiten das Fassungsvermögen von 99 Plätzen und bieten professionelles technisches Equipment. Dazu gehören die bereits erwähnte Studiobühne (siehe oben) und das Veranstaltungszentrum **Alte Feuerwache** in der nördlichen Innenstadt, in der vor allem experimentelle Gruppen aus den Bereichen Schauspiel und Tanz gastieren. Am anderen Ende der Innenstadt bietet die **Comedia** neben Vorstellungen des Kinder- und Jugendtheaters Ömmes & Oimel ein umfangreiches Programm an Kleinkunst- und Kabarettgastspielen.

Auch Häuser wie das **Arkadas Theater** in Köln-Ehrenfeld, das neben zeitgenössischen Stücken Produktionen in türkischer und iranischer Sprache zeigt, stehen längst Gastensembles offen. Das kleine **Theater Tiefrot** um den Schauspieler Volker Lippmann hat sich als Ort des literarischen Theaters etabliert; noch relativ neu als Spielort ist die Christuskirche am Stadtgarten, in der das Ensemblenetzwerk **TheaterKonnex** mit verschiedenen Gruppen auftritt. Wers eher trashig und schräg mag, ist im **artheater** gut aufgehoben; oder er besucht gleich die punkigen Performances im **Raketenclub**. In Bonn hat sich in den letzten Jahren das **Theater im Ballsaal** zur Spielstätte für innovative und interdisziplinäre Theaterformen gemausert. Eher traditionelle Wege beschreitet das ebenfalls in Bonn beheimatete **Contra Kreis Theater**. Es widmet sich dem klassischen Boulevard.

Unter den zahlreichen „freien Gruppen" ohne feste Spielstätte haben sich vor allem folgende Ensembles ein unverwechselbares Profil erarbeitet: **c.t.201** wählt meist traditionelle bildungsbürgerliche Stoffe wie „Penthesilea", „Parsifal" oder „Nathan der Weise", zu denen neue, experimentelle Zugänge gesucht werden. Einen formal stark durchgestalteten und hochästhetischen Spielansatz mit Anleihen bei Bob Wilson pflegt das **a.tonal.theater**. Im Gegensatz dazu stehen die humorvollspielerischen Projekte der Truppe **Futur 3**, die ihren Reiz aus der Verortung an Schauplätzen wie Cafés, Forschungsinstituten und Villen entwickeln. Das **Rose Theegarten Ensemble** wiederum pflegt eine eher psychologische Spielweise; das **Deutsch-griechische Theater** bemüht sich, wie der Name schon sagt, um die Vergegenwärtigung klassischer wie zeitgenössischer griechischer Dramatik.

Kleinkunstveranstaltungen finden auch im **Alten Wartesaal** der Deutschen Bundesbahn mit den fernsehbekannten „Mitternachtsspitzen" statt. Lange schon ist das Bonner **Haus der Springmaus** am Start, dessen Name für Kabarett, aber auch für Improvisationstheater und Kleinkunst steht. Recht jung dagegen ist das **Kabarett Theater Klüngelpütz**, auch wenn Marina Barth und Marko Furck zwei erfahrene, alte Hasen sind, die mit Hingabe den kölschen Klüngel aufs Korn nehmen.

Goldgasse 1 (Breslauer Platz)
Köln-Innenstadt
F: 0221 / 57 79-0,
0180 / 51 52 53-0
(Karten), 0221 / 28 01
(Karten)
U: Breslauer Platz
E: ca. 25-101 €
M: webmaster@
musicaldome.de,
tickets@kartenkaufen.
de

Musical Dome

Jekyll und Hyde – Der Schöne und sein Biest

Köln war lange Zeit Musical-Diaspora, bis 1995 auf dem Breslauer Platz in unmittelbarer Nachbarschaft zu Dom und Hauptbahnhof das raupenartige Zelt des Musical Dome mit seinen stählernen Überrollbügeln errichtet wurde. Was als Provisorium bis zur Umgestaltung des Platzes gedacht war, erwies sich als ausgesprochen überlebensfähig. Der Kommune ging zwischendurch das Geld für Baumaßnahmen aus und der Musical Dome entwickelte sich zum Dauerbrenner. Nach eher mäßigem Beginn übernahmen Thomas Krauth, Michael Brenner und Andrea Friedrichs den Dome und schafften mit „Saturday Night Fever" zur Musik der Bee Gees den Durchbruch. Ab 2003 trieben dann „Jekyll & Hyde" erfolgreich ihr Unwesen. Das Motiv von der Doppelnatur des Menschen ist oft erzählt worden, doch lange nicht mehr hat das Tier im Mann so emotionsgeladen Auslauf gehabt wie im Kölner Musical Dome – was nicht nur den mitreißenden Vollblutdarstellern Anna Montanaro und Yngve Gasoy-Romdal, sondern auch der effektvollen Regie von Opernregisseur Dietrich Hilsdorf zu verdanken war. Unmittelbar danach zogen die Rebellen um den Träumer Galileo mit ihrem lautstarken Schlachtruf „We will rock you" gegen die Killerqueen der Computermusik zu Felde. Die Kultrockband Queen hat zusammen mit Autor Bean Alteon aus den Songs der Gruppe ein mitreißendes Musical fabriziert, das seit 2004 bis heute ununterbrochen in Köln läuft. Wie es danach weitergeht, hängt allerdings nicht mehr von Träumern, sondern von Kommunalpolitikern ab. Das Schicksal des Musical Dome ist eng verflochten mit der Zukunft des Breslauer Platzes, der derzeit im Zuge des Kölner U-Bahn-Baus umgestaltet wird. Ob die zum Wahrzeichen gewordene Raupe umziehen muss oder bleiben darf, war bei Redaktionsschluss noch nicht entschieden.

„We will rock you": Die „Killer Queen" Brigitte Oelke hat es in sich, wenn ihre „Fat bottomed Girls" loslegen, wie hier im Musical Dome.

Er ist nicht nur ein begnadeter Selbstdarsteller, sondern auch ein ausgezeichneter Jazzmusiker. Und, was **Helge Schneider** besonders auszeichnet, er hat einen einzigartigen Senftopf aus Proll, hinreißendem Slapstick und intellektuellem Witz zu bieten. Da vergisst man in Köln gern, dass der Mann eigentlich aus dem Ruhrpott kommt, wenn er hier auftritt. Zu sehr ist dann Seelenverwandtschaft angesagt.

Pantheon

Lästermäuler im ehemaligen Machtzentrum

„Irgendwann kommen alle", meinte einmal Rita Baus, die Chefin des Bonner Pantheon. Der Satz ist Geschichte: Sie waren alle schon da. Die Bonner Kabarettbühne hat sich in wenigen Jahren zu einem der gefragtesten Orte der Kleinkunst gemausert. Das Pantheon wurde 1987 von Kabarettist Rainer Pause und Kollegen gegründet; kurz darauf stieß Rita Baus hinzu und hatte innerhalb weniger Monate die Geschäftsführung inne. Sieben Jahre bis zum Break-even-Point prophezeite man ihr; doch das dauerte der ungeduldigen Neuchefin zu lange – nach drei Jahren waren die Schulden getilgt.

Das Rezept: Im Pantheon atmet der Besucher nicht nur kabarettistische Höhenluft; neben Traditionalisten wie Dieter Hildebrandt und Volker Pispers haben auch kalauernde Comedians wie Helge Schneider oder Django Asúl ihren Platz. Die Mischung aus Publikumsliebling und Schrägem, Kabarett-Star und Newcomer ist das Erfolgsrezept. Und gerade bei der Entdeckung des Nachwuchses erweist sich Rita Baus immer wieder als Kleinkunst-Trüffelschwein: die Missfits erlebten hier ihren Durchbruch; Helge Schneider wagte im Pantheon seinen ersten Schritt außerhalb des Ruhrgebiets. Die Position der Platzhirsche aber ist seit Jahren an Rainer Pause und Ernst Alich vergeben, die als Fritz Litzmann und Hermann Schwaderlappen vom Heimatverein „Rhenania" Kultstatus genießen. Zum Jahreshighlight haben sich inzwischen die Verleihung des Prix Pantheon sowie das WDR-Kabarettfest entwickelt. Und weil es sich von Highlights allein nicht leben lässt, finden in dem 300-Plätze-Theater am Wochenende nach den Vorstellungen häufig noch Motto- und Revivalpartys statt.

Im Bonn Center
Bundeskanzlerplatz 2-10
Bonn-Innenstadt
F: 0228 / 21 25 21,
Karten : 0221 / 28 01
S & U & T: Museum König, Heussallee
E: je nach Veranstaltung 15-19 €, erm. 12-15 €
M: pantheon@pantheon.de
I: www.pantheon.de

Senftöpfchen-Theater

Alexandra Kassen – Hüte sind ihr nicht alles

Große Neugasse 2-4
Köln-Innenstadt
F: 0221 / 258 10
58/ 59
U: Dom / Hauptbahn-
hof
E: 16-21 €
I: www.senftoepfchen-
theater.de

Ihr Kennzeichen: Hutkreationen, die zwischen gewagt und très chic so manchen Designer neidisch machen könnten. Doch das ist nur das kleine Ventil, durch das sich die überschüssige Kreativität der Leiterin des Senftöpfchen-Theaters Alexandra Kassen Bahn bricht. Im Hauptberuf ist die Grande Dame der Kölner Kleinkunst Nachwuchs-Spürnase, gewiefte Geschäftsfrau und nonchalante Charmeurin in einer Person.

Als sie 1959 mit ihrem Mann Fred nach Köln kam und die beiden das Senftöpfchen eröffneten, gab niemand der Kleinkunstbühne eine Chance. Doch mit ihren satirischen Programmen „Schwarz rotes Gold" und „Wir Wundersünder", mit Chansonabenden und Rezitationsprogrammen eroberten sie sich schnell eine Nische im karnevalsseligen Köln. Als ihr Mann 1972 starb, übernahm Alexandra Kassen die Leitung des Senfttöpfchens und verpasste der Bühne eine artistische Neuausrichtung: Der Konkurrenz des Fernsehens und dem darbenden literarischen Kabarett setzte sie Solokabarett, Liedermacher und Talk entgegen; sie stellte Travestie-Gruppen vor, als die meisten noch nicht wussten, ob das „etwas zum Essen oder eine Schweinerei ist" (Alexandra Kassen) und öffnete ihre Bühne der Comedy. Die Künstlerliste liest sich inzwischen wie ein Who is Who der Kleinkunst. Seit 1986 residiert das Senfttöpfchen im Brügelmannhaus-Komplex in der Kölner Altstadt, der endlich den technischen Standard bietet, den sich die Theaterleiterin lange gewünscht hatte. Inzwischen hat „Et Hötche" (das Hütchen), wie sie in Köln liebevoll genannt wird, die 80 überschritten, ist mit dem Bundesverdienstkreuz und den Verdienstorden der Bundesrepublik Deutschland erster Klasse ausgezeichnet worden – und macht so weiter wie bisher.

Pretty Ugly Tanz Köln

Klassische Tradition und modernes Bewegungsvokabular

c/o Bühne Köln
Offenbachplatz
50667 Köln
F: 0221 / 257 24 30
M: info@prettyugly.de
I: www.prettyugly.de

Köln galt einmal als „Weltstadt des Tanzes", in der Ballettdirektoren wie Aurel von Milloss, Gise Furtwängler oder Jochen Ullrich arbeiteten und Choreographen wie Birgit Cullberg, John Cranko, Kurt Joos und Georges Balanchine arbeiteten. Davon ist heute nichts mehr zu spüren. Anfang der 1990er Jahre wurde das von Jochen Ullrich begründete „Tanzforum" abgeschafft, so dass die Domstadt als einzige Millionenmetropole ohne residierendes Tanzensemble dastand. Jahrelang mussten die Ballettfans mit Gastspielen des Nederlans Dans Theatre oder des Cullberg-Balletts sowie Produktionen der freien Szene vorlieb nehmen. Erst der inzwischen ausgeschiedene Schauspiel-Intendant Marc Günther holte 2005 mit privater Unterstützung die Choreographin Amanda Miller und ihre Compagnie Pretty Ugly von Freiburg nach Köln.

Doch das Kölner Publikum tat sich mit den Arbeiten Amanda Millers zunächst schwer. Die mystische Verschnörkelung mancher Choreographie kam der auf sinnliche Unmittelbarkeit angelegten rheinischen Mentalität nicht entgegen. Inzwischen hat die Compagnie jedoch mit Produktionen wie „Fair ist foul and foul ist fair" oder „Episodes" zu einer neuen spielerischen Direktheit gefunden. Die Spurenelemente der klassischen Tradition sind bei Amanda Miller zwar deutlich erkennbar, doch sie sind untrennbar vermählt mit modernem Bewegungsvokabular. In „Episodes" wurde daraus ein faszinierendes Wechselspiel zwischen Barock und Gegenwart, in dem Ballettvokabular, höfische Tanzformen und zeitgenössische Transkription einen oszillierenden Kosmos der Beziehungen schufen. Amanda Millers Vertrag in Köln endet 2009. Die Kölner Kulturpolitik denkt über die dauerhafte Einrichtung einer Tanzcompagnie nach und will sich dabei mit der ehemaligen Bundeshauptstadt Bonn zusammentun, die gerade ihr Tanzensemble aufgrund von Sparmaßnahmen aufgelöst hat.

Neue spielerische Direktheit: „Die Kunst der Fuge" von Pretty Ugly Tanz

Tanztheater Wuppertal Pina Bausch

Schauspielhaus,
Bundesallee 260
Wuppertal-Innenstadt
F: 0202 / 569 44 44
S: Adlerbrücke
(Opernhaus) und Kluse
(Schauspielhaus)
E: 10–45 €
M: info@pina-bausch.
de, info@wuppertaler-
buehnen.de, topticket-
service@wsw-online.de
I: www.pina-bausch.de,
www.wuppertaler-
buehnen.de

Getanzter Geschlechterkampf

Als Pina Bausch 1977 ihre Choreographie „Blaubart. Beim Anhören einer Tonbandaufnahme von Béla Bartóks 'Herzog Blaubarts Burg'" im Wuppertaler Opernhaus präsentierte, brach ein Sturm der Entrüstung los, und – ein neues Kapitel der Tanzgeschichte nahm seinen Anfang. Mit dieser tragikomischen Version dessen, was einmal „Geschlechterkampf" hieß, hatte die junge Choreographin nicht nur ihr Thema und ihre Tanzsprache gefunden; sie revolutionierte zugleich auch das Tanztheater.

Pina Bausch ging aus der durch Kurt Joos geprägten Ausbildungstradition der Essener Folkwang Hochschule hervor. Nach Stationen in den USA und am Folkwang Tanzstudio engagierte sie Intendant Arno Wüstenhöfer 1973 ans Wuppertaler Theater. Nach dem skandalösen „Blaubart" entwickelte Pina Bausch mit „Kontakthof" (1978) und „Arien" (1979) das Thema der Machtstrukturen in geschlechtlichen Beziehungen konsequent weiter; das Material für ihre Choreographien bezieht sie mit ihrer berühmten Arbeitsmethode aus der privaten Geschichte ihrer Tänzer, aus Erinnerungen, Assoziationen und Träumen wie aus den gesellschaftlichen Geschlechterkonventionen. Das Themenspektrum ihrer Choreographien blieb schmal, kennzeichnend wurden eher die immer neue Variation und Fokussierung: als Kindheitserinnerung („1980"), als Todessehnsucht („Arien", 1979) oder als Kritik des Männlichkeitswahns („Bandoneon", 1980). Sein inzwischen legendärer Ruf führt das Tanztheater Wuppertal häufig auf Gastspielreisen, deren Begegnung mit fremden Kulturen in Arbeiten wie „Danzón" (1995), „Ten Chi" (2004) oder „Bamboo Blues" (2007) deutliche Spuren hinterlassen hat.

Fragmentierung der Bewegung, Angst und Einsamkeit: Pina Bauschs Stück „Viktor" von 1986, schon damals ein Erfolg, in einer aktuellen Neuinszenierung.

Weitere Theater

Die vollständigen Adressen und Infos finden Sie im Register.

Mit dem Ende von Köln als Mekka des Tanzes in den 1990er Jahren hat sich eine rührige, aber in ihren Ressourcen völlig ungesicherte freie Tanzszene etabliert. Auftrittsorte sind vor allem die **Alte Feuerwache**, die **Orangerie im Volksgarten** und das **Bürgerhaus Stollwerk**, das zusammen mit der Kölner Tänzerinitiative die Reihe TANZhautnah veranstaltet.

Auch wenn sie eher in der Grenzregion von Performance, Bewegungstheater, Tanz und bildenden Künsten zu Hause ist,

Sinnlich und humorvoll: das Stück „Cactus Bar" der Truppe Mouvoir.

Angie Hiesl gehört mit ihren häufig öffentlichen Aktionen im Spannungsfeld von Mensch und Raum zu den innovativsten Kölner Künstlerinnen. Auch die Choreographin Dyane Neiman interessiert sich für die Übergänge zwischen Tanztheater und Performance, ist allerdings ähnlich wie die Choreographin Silke Z. vom TänzerInnenkollektiv **resistdance** näher beim Tanz angesiedelt. Das Ensemble **Britta Lieberknecht & Technicians** arbeitet an einer Verschmelzung von neuer Musik und Tanz, während die **DIN A 13 Tanzcompagnie** der Verschränkung von Bewegungsformen behinderter und nicht behinderter Tänzer nachspürt. Zu den Schwergewichten hat sich auch die Choreographin Stefanie Thiersch und ihre Truppe **Mouvoir** entwickelt, deren sinnliche und humorvolle Arbeiten zum Besten gehören, was Köln derzeit zu bieten hat. All diesen Ensembles ist zu verdanken, dass die Kölner Tanzszene in den letzten Jahren nicht gänzlich der Bedeutungslosigkeit anheim gefallen ist. Das hat inzwischen auch die Kölner Kulturpolitik erkannt und die Einrichtung eines Tanzhauses für die freie Szene angekündigt.

Ömmes & Oimel

Engagiertes Kinder- und Jugendtheater ohne Scheuklappen

Der Name klingt nach einem kölschen Urgewächs, doch eigentlich erblickten Ömmes & Oimel in Würzburg das Licht der Welt. Im Bugwasser des Berliner Grips Theaters gründeten Angelika Bertram und Klaus Schweizer 1974 ihr Kinder- und Jugendtheater. Von den pädagogisch aufgeladenen Lehrstücken und dem Mitbestimmungsmodell des Beginns verabschiedete

Löwengasse 7-9
Köln-Südstadt
F: 0221 / 399 60 21,
0221 / 28 01 (Karten)
T: Severinstraße
B: 132, 133 Severinstraße
E: 15 €, erm. 12 €,
Kindervorstellung 7 €,
erm. 6 €
M: info@oemmesund
oimel.de
I: www.oemmesund
oimel.de

man sich schnell; die künstlerische Leiterin Angelika Bertram wollte zwar nach wie vor engagiertes Theater für Kinder machen, doch ohne dabei Poesie und Phantasie, das Skurrile und Märchenhafte aufzugeben.

1982 fand die Truppe in einem ausrangierten Kölner Supermarkt, den man Comedia Colonia (heute: Comedia) taufte, eine Heimstatt. Da die Stadt Köln sich damals nicht in der Lage sah, ein kommunales Kinder- und Jugendtheater aufzubauen, wuchsen Ömmes & Oimel allmählich in diese Position hinein und erwarben sich innerhalb weniger Jahre den Ruf, eine der bundesweit innovativsten Gruppen zu sein. Ein Ruf, der auch auf die unermüdlichen Tourneen zurückzuführen ist: Neben 195 Vorstellungen in Köln spielt das Ensemble fast 100 Vorstellungen im Umland. Auf Angelika Bertram folgten Andrea Gronemeyer, Catharina Fillers und inzwischen Jutta M. Staerk als künstlerische Leiterinnen, die nach und nach nicht nur die Jugendtheaterschiene und die hauseigene Schauspielausbildung ausbauten, sondern auch das Spielarten-Festival für Kinder und Jugendliche ins Leben riefen. Nach wie vor fungiert Ur-Ömmes & Oimel Klaus Schweizer als Geschäftsführer. Nicht zuletzt ihm ist es zu verdanken, dass die Mannschaft ab 2009 in der Alten Feuerwache in der Kölner Südstadt residiert, die zum ersten Kinderkulturhaus NRWs mit zwei Spielstätten, Proberäumen, Werkstätten und Gastronomie umgebaut wurde.

Verrat an Siegfried: Das Herz kennzeichnet die Stelle, an der ihn Hagens Speer treffen wird. „Die Nibelungen" von Rüdiger Pape und Ensemble bei Ömmes & Oimel.

Kinderoper in der Yakulthalle

Verwunschener Traumpalast mit hohem Anspruch

Offenbachplatz (Opern-
haus)
Köln-Innenstadt
F: 0221 / 22 12 84 00,
0221 / 28 01 (Karten)
U: Neumarkt, Appell-
hofplatz
E: 6,50-11 €
M: vv-kassebuehnen@
stadt-koeln.de, kinder
oper@kinderoper.de
I: www.kinderoper.info,
www.buehnenkoeln.de

Märchenhaft mutet die Entstehung der Kinderoper in der Ya-
kulthalle an. „I had a dream" sagte Martin Luther King; den
hatten auch Rechtsanwalt Hansmanfred Boden und Opernsän-
ger Dieter Schweikart. Doch es half kein Bitten und kein „Bag-
gern", die kommunalen Geldhähne blieben trocken. Also wag-
ten sich die beiden Träumer in die Gefilde des Sponsorings, um
die stattliche Summe von fast einer Million Mark aufzutreiben.
Und ihr Elan zahlte sich aus: Ein Möbelhersteller spendierte
die Bänke, eine Firma für Bühnenausstattung das Zelttuch, ein
Förderverein sorgte für die Produktionskosten und die japanische Firma Yakult, die eigentlich Getränke für das Funktionie-
ren der Darmflora herstellt, spendierte zu ihrem Einstand in
Köln den Löwenanteil. Sänger, Dirigenten, Bühnenbildner und
Techniker erklärten sich bereit, unentgeltlich für das Projekt
zu arbeiteten. Und so entstand im Foyer des Kölner Opernhau-
ses ein verwunschen anmutendes Theaterzelt mit 130 Plätzen,
das mit seinen knallbunten Säulen unter dem märchenblau-
en Baldachin die jugendlichen Opernbesucher zum Träumen
einlädt. 1996 wurde die erste deutsche Kinderoper mit Igor
Strawinskys „Nachtigall" eröffnet. Und schon mit der Eröff-
nungsvorstellung war klar, dass es in der Yakult-Halle um die
musiktheatralische Kinderwurst geht. Keine Mitklatschlied-
chen, sondern Kurzopern aus dem 20. Jahrhundert von Ermann-
no Wolf-Ferrari, Maurice Ravel und Ernst Toch in musikalisch
und ästhetisch anspruchsvollen Produktionen verzaubern
alljährlich die jungen Opernfans. Während der Sanierung des
Operhauses von 2009-2012 residiert die Kinderoper in einer
Ausweichspielstätte.

Weitere Theater

Die vollständigen Adressen und Infos finden Sie im Register.

Eine breite Palette bietet das Kölner **Horizont Theater** mit
Clownsspielen, Figurentheater und Jugendstücken. Ebenfalls
in Köln beheimatet ist das **Cassiopeia Theater**. Sein Schwerpunkt liegt im Bereich des (Kunst-)Märchens, das mal mit den
Mitteln des Figurentheaters, mal in der Kombination von Puppen und Darstellern erzählt wird. Kinder- und Jugendtheater
bieten auch das **Freie Werkstatt Theater** und das **Hänneschen Theater**.

MUSIK

Große Oper in Köln, große Oper in Bonn und jede Menge Orchester von der Alten Musik bis zur Avantgarde, die hier impulsgebend ist. Bester Jazz und bodenständiger Kölschrock. Das Musikleben in der Kölner Region kann sich sehen lassen. Auch international.

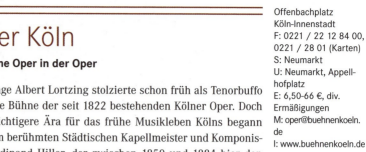

Oper Köln

Und eine Oper in der Oper

Offenbachplatz
Köln-Innenstadt
F: 0221 / 22 12 84 00,
0221 / 28 01 (Karten)
S: Neumarkt
U: Neumarkt, Appell-
hofplatz
E: 6,50-66 €, div.
Ermäßigungen
M: oper@buehnenkoeln.
de
I: www.buehnenkoeln.de

Der junge Albert Lortzing stolzierte schon früh als Tenorbuffo über die Bühne der seit 1822 bestehenden Kölner Oper. Doch eine wichtigere Ära für das frühe Musikleben Kölns begann mit dem berühmten Städtischen Kapellmeister und Komponisten Ferdinand Hiller, der zwischen 1850 und 1884 hier den Takt schlug. Seine damals umstrittenen Aufführungen der Opern „Tannhäuser" und „Lohengrin" legten den Grundstein für eine Wagnertradition, die bis heute anhält. Berühmte Dirigenten walteten späterhin im Amt des Generalmusikdirektors in der Oper, darunter Otto Klemperer, Günter Wand, Wolfgang Sawallisch, István Kertész, Sir John Pritchard und zuletzt der amerikanische Stardirigent James Conlon – er verweigerte allerdings wegen Querelen mit der Intendanz über Jahre die Arbeit in der Oper. In Köln spielen die Dramen nicht nur auf der Bühne.

1902 baute die Stadt ein neues, prächtiges Opernhaus am Habsburger Ring, das die gewonnene Bedeutung des Städtischen Musiktheaters repräsentieren sollte. Seit 1905 fanden sogar sommerliche Opernfestspiele mit internationalen Gaststars statt. Doch im Zweiten Weltkrieg wurde das Gebäude der Oper völlig ausgebombt. Erst 1957 konnte ein Neubau des Architekten Wilhelm Riphahn eingeweiht werden. Augenfälligstes Merkmal im 1.300 Gäste fassenden Zuschauersaal waren schon damals die 22 hängenden Ranglogen, die an Bobschlitten erinnern. Dieses heutige Opernhaus liegt am Offenbachplatz, benannt nach dem berühmtesten musikalischen Sohn der Stadt, dessen geistreiche Bühnenwerke immer wieder auf dem Programm stehen. So ließ Michael Hampe, Intendant von 1975 bis 1995, den Regisseur Willy Decker im Jahre 1990 eine schrille Version seines „Blaubart" inszenieren. Günter Krämer (Intendant der Oper von 1995 bis 2002) initiierte den 2003 vollendeten Kölner „Ring" mit dem international anerkannten Produktionsteam Robert Carsen und Patrick Kinmonth. Den Ring wird die Kölner Oper 2010 wahrscheinlich in einer Residence in China zur Expo auf die Bühne bringen – nach einer Strauss-Produktion beim Edinburgh-Festival 2007 ein weiterer internationaler Erfolg, den sie nicht zuletzt der großen Reputation und erfrischenden Ausstrahlung des aktuellen GMD Markus Stenz verdankt. Seit 2003 leitet Christoph Dammann als Intendant das Haus mit einem vielseitigen Spielplan, der auf drei Säulen fußt: der Pflege des umfangreichen Repertoires, selten gespielten, historischen Raritäten von hoher musikalischer Qualität und jährlich einer Uraufführung im großen Haus. Mit dem Gürzenich-Orchester verfügt die Oper über eines der profiliertesten Orchester Deutschlands unter der Leitung von Markus Stenz.

Über Stationen in Darmstadt, Frankfurt am Main, Zürich und Berlin kam **Uwe Eric Laufenberg** als Intendant des Hans Otto Theaters nach Potsdam. Er machte auch immer wieder durch Regiearbeiten im Musiktheater von sich reden, so in Barcelona, Brüssel, Dresden, Genf, Wien und bei den Bregenzer Festspielen. Mit der Spielzeit 2009/2010 wird der gebürtige Kölner die Intendanz der Oper seiner Heimatstadt übernehmen.

Weltweit einzigartig ist die Oper in der Oper: Im oberen Foyer befindet sich seit 1996 die **Kinderoper in der Yakult-Halle** (benannt nach ihrem Hauptsponsor). Sie bietet kontinuierlich zwanzig Opern des 20. Jahrhunderts, professionell produziert von jungen Sängern des Opernstudios und Musikern des Gürzenich-Orchesters.

Ab der Spielzeit 2009/10 übernimmt Uwe Eric Laufenberg die künstlerische Leitung der Kölner Oper, seinen Einstand wird er mit Wagners „Meistersingern" feiern. „Das Haus muss wieder dorthin, wo es früher einmal war", proklamierte er im Vorfeld, „an die internationale Spitze." Bis dahin wird der Weg nicht leichter durch den Umstand, dass die Kölner Oper drastischen Renovierungsmaßnahmen ab 2010 unterzogen wird, die einen Umzug des gesamten Spielbetriebes mit seinen 600 Leuten für einen langen Zeitraum auf ein noch unbekanntes Gelände verlangen – das wird ein spannendes Abenteuer.

Zunächst wird eine Spielzeit mit kommissarischer Leitung in 2009 an Lortzing (Der Wildschütz), an Wagner (Tristan) und Strauss (Capriccio) erinnern, eine Zauberflöte in der Regie von Peer Boysen wird bereits 2008 neu geblasen und eine Uraufführung ist bestellt: Komponist Marc-Aurel Floros vertont „Adrianas Fall" mit einem Libretto von Elke Heidenreich, Martin Duncan führt Regie.

Stimmung an der Wolga: Leos Janáceks Oper „Katja Kabanova" in der Inszenierung von Robert Carsen an der Kölner Oper.

Kultur auf Bestellung. Stöbern Sie bei…

music, impressionism & monet

MATCH PLAY.

art
art-present.com

Oper Bonn

Gute Oper statt „großer Oper"

Am Boeselagerhof 1
Bonn
F: 0228 / 77 80 00,
0228 / 77 36 68
(Abendkasse)
S: Bertha-von-Suttner-
Platz
B: Opernhaus, Bertha-
von-Suttner-Platz
E: 11-71 €
M: theater@bonn.de
I: www.oper.bonn.de

Bereits 1783, in dem Jahre also, als der junge Bonner Geiger Ludwig van Beethoven erstmals im Orchester der Hofkapelle im Kurfürstlichen Residenzschloss auftauchte, spielte das ortsansässige Hoftheater Mozarts „Entführung aus dem Serail". Anfang des 19. Jahrhunderts jedoch beschränkten sich städtische Opernaufführungen auf Gastspiele, und lange Zeit bestimmte das Kölner Theater das knappe jährliche Programm. Erst kurz vor dem Zweiten Weltkrieg entstand wieder ein eigenes Drei-Sparten-Haus, dessen Entwicklung die Zerstörung des Theaterbaus jäh beendete. 1965 entstand der heutige Theaterkomplex am Rhein, dessen Opernblüte Generalintendant Karl Pempelfort über zwei Jahrzehnte vorantrieb. Jeweils eine Dekade wirkten für dieses Haus Joachim Heyse und Jean-Claude Riber. Letzterer und sein Nachfolger Giancarlo del Monaco schenkten der Hauptstadt „große Oper" mit Staraufgebot. Generalmusikdirektoren wie Volker Wangenheim, Dennis Russel Davis oder Roman Kofman (bis 2008) hielten stets das musikalische Niveau auf angemessener Höhe. Oberhausens Erfolgsintendant Klaus Weise gab ab 2003 als frischer Bonner Generalintendant mit stark gekürztem Drei-Sparten-Haushalt richtig Gas: Für das Ballett engagierte er zum Beispiel den Choreographen Johann Kresnik.

Weise und der neue Generalmusikdirektor Stefan Blunier (ab 2009) arbeiten erstmals im Januar 2009 zusammen. Dann steht „Elektra" von Richard Strauss als Premiere an – auf den Tag einhundert Jahre nach der Uraufführung in Dresden. Auch das Besondere verspricht der neue GMD. „König Roger" von Karol Szymanowski gilt als die polnische Nationaloper schlechthin. „Ihre Ohren werden betört sein", schwärmte Blunier vorab von der Musik ab Mai 2009. Ein Blick in das auch in Köln veröffentlichte Tagesprogramm lohnt sich immer, die Anfahrt ist ein Kinderspiel.

Charles Gonouds Oper „Faust" in einer Inszenierung von Vera Nemirova an der Oper Bonn. Die junge Regisseurin gilt als ein vielversprechendes Nachwuchstalent.

Alte Musik

In Köln treffen sich die Spezialisten historischer Aufführungspraxis

Als 1951 ein Viola da gamba-Quartett den englischen Kontratenor Alfred Deller im NWDR begleitete, weckte dies beim Sender eine nachhaltige Neugier auf historische Aufführungspraxis. So wurde 1954 die **Cappella Coloniensis** gegründet, ein Ensemble für Barock respektive Klassik, ausgestattet mit historischen Instrumenten aus der jeweiligen Zeit. Wenige Jahre später etablierte sich ein „Seminar für Alte Musik" an der Musikhochschule. 2008 schloss das Orchester eine langjährige Liaison mit der Essener Philharmonie und wurde so mit Blick auf die Kulturhauptstadt 2010 das erste Spezialensemble für historische Aufführungspraxis, das im Ruhrgebiet verankert ist.

Engagiertes, junges Ensemble für Alte Musik: Das Concerto Köln.

„Ich möchte dem Publikum Schmerzen zufügen", sagte 2003 Reinhard Goebel während einer Probe zu seinen Mitspielern und bezog sich auf herauspolierte Dissonanzen und harten Saitenstrich. Sein 1973 gegründetes Ensemble Musica Antiqua Köln hatte sich angriffslustig wie sein Chef ganz vorne in der

Weltspitze der historischen Spezialisten etabliert. Aus persönlichen Gründen löste sich dieser Hoffnungsträger leider 2006 endgültig auf.

1985 erlebte Köln die Gründung des Barockorchesters **Concerto Köln** (2008 ein engagiertes junges Orchester), es folgte Christoph Spering mit **Das Neue Orchester** (ein international erfolgreiches Spezialensemble, das sich heute bis in die Romantik betätigt) und Peter Neumann mit dem Collegium Cartusianum. Viele kleinere Ensembles widmen sich auch dem Mittelalter und der Renaissance, hier sei exemplarisch das international arbeitende Ensemble **Cantus Cölln** des Lautenisten Konrad Junghänel genannt und Benjamin Bagbys berühmtes Ensemble Sequentia. Empfehlenswerte Reihen im laufenden Jahr präsentiert der Deutschlandfunk im **Forum Alte Musik Köln** und seit 2003 das Museum Schnütgen – die **Schnütgen Konzerte** präsentieren mittelalterliche Klänge in mittelalterlichem Ambiente. Die Kraft Kölns als Hort der Alten Musik liegt aber nicht in der Flut lokaler Aufführungen, sondern in den zahlreich ansässigen Instrumentalisten historischer Aufführungspraxis, die zu Projekten herangezogen werden können.

International erfolgreiches Ensemble mit einem Repertoire bis in die Romantik: Das Neue Orchester.

Beethoven Orchester Bonn

Die Beethovenhalle wurde auch am Klavier erspielt

Im Jahr 2007 feierte das Beethoven Orchester Bonn seinen 100. Geburtstag. Bereits im Gründungsjahr dirigierte Richard Strauss erstmals eigene Werke in Bonn, 1914 arbeiteten anlässlich des Mittelrheinischen Musikfestes Max Reger und Max Bruch mit dem Orchester. Es folgten unter anderem Paul Hindemith, Hans Pfitzner, Erich Kleiber, Joseph Keilberth, Karl Böhm, Rudolf Kempe, Sergiu Celibidache und Günter Wand. In den letzten fünfzig Jahren prägten Dirigenten wie Volker Wangenheim, Dennis Russell Davies sowie Marc Soustrot und Roman Kofman (bis 2008) das Orchester. Ab

Wachsbleiche 1
Bonn-Innenstadt
F: 0228 / 45 49 30
S: Bertha-von-Suttner-Platz, Wilhelmplatz
T: Beethovenhalle, Stiftsplatz
E: je nach Veranstaltung
M: info@beethoven-orchester.de
I: www.beethoven-orchester.de

2008/09 verändert sich das Konzertleben merklich. Bei den Abenden, die der neue GMD Stefan Blunier selbst dirigiert, gibt es am Ende immer ein Bonbon, eine „nicht deklarierte Zugabe", wie er sagt, „sehr spezielle und vielleicht auch skurrile Sachen". Ebenfalls neu: Blunier bietet dem Publikum 35 Minuten vor Konzertbeginn eine Einführung ins Programm an, die er selbst übernimmt. Auch im Programm hat er tolle Angebote, so ein „Verdi-Requiem" mit der Dirigentenlegende „Papa Santi". Und auch schöne, illustre Namen hat Bonns neuer GMD bei den Solisten zu bieten: Mischa Maisky, Kolja Blacher, Tzimon Barto, Mirijam Contzen, Frank Peter Zimmermann unter andere gastieren in der Saison 08/09.

Die Bonner Klavierlegende Elly Ney gab ab den Fünzigerjahren weltweit Benefizkonzerte zugunsten eines neuen Konzerthauses. Der Berliner Architekt Siegfried Wolske führte den Bau aus, der endlich 1959 als Konzert- und Kongress-Halle mit Beethovens Musik „Weihe des Hauses" eröffnet wurde. Vor einigen Jahren wurde das Haus aufwendig renoviert, es bietet 2.000 Zuhörern Platz. Phantastische Konzerte mit internationalen und heimischen Orchestern bilden nach Bonns Hauptstadtjahrzehnten den Schwerpunkt im Nutzungsplan dieses auch durch herausragende Staatsakte „historischen" Gemäuers.

Bischofsgartenstraße 1
Köln-Innenstadt
F: 0221 / 28 02 80,
0221 / 204 08-0
S: Heumarkt
U & B: Hauptbahnhof
E: je nach Veranstaltung
M: feedback@
koelnmusik.de
I: www.koelner-
philharmonie.de

Vom Gürzenich zur Kölner Philharmonie

Zwei wichtige Schritte zur „Musikstadt Köln"

In Bachs Konzert für drei Klaviere BWV 1063 saßen im Jahre 1833 im Saal des Pariser Konservatoriums die Pianisten Frederic Chopin, Franz Liszt und Ferdinand Hiller an den Soloinstrumenten. Insgesamt aus fünf Mitgliedern bestand „diese alte romantische Bruderschaft von Paris", wie sie Hiller in einem Brief nannte. Hector Berlioz und Felix Mendelssohn kamen noch hinzu. Als Heinrich Heine nach Paris kam, überbrachte er Grüße seiner Familie an Ferdinand Hiller. Als dieser 1850 zum neuen Kölner Kapellmeister ernannt wurde, erreichte ein Mann die Domstadt, dessen musikpädagogisches Konzept von Mendelssohns Leipziger Konservatorium geprägt war und der nicht nur das Kölner Konservatorium zur neuen Blüte trieb. Als international bewanderter Künstler motivierte er die wohlhabenden Kölner Familien, in einer eigens von Hiller gegründeten Aktiengesellschaft den Ausbau des Gürzenich, eines alten Tanz- und Kaufhauses, zum Konzertsaal zu fördern. 1857 konnte der Gürzenich-Konzertsaal eingeweiht werden. Hiller lud nun internationale Künstler ein und verhalf den jetzt „Gürzenich-Konzerte" betitelten regelmäßigen Konzertreihen in seiner 34 Jahre währenden Dienstzeit zu hohem Ansehen. Der

Gürzenich-Saal blieb bis in die 1980er Jahre der repräsentativste Konzertsaal in der Stadt.

„Durch den Bau der Philharmonie hat sich das Kulturleben so revolutionär verändert, wie das in keiner anderen Stadt Europas nach dem Bau eines Konzertsaals geschehen ist!" Diese Worte sprach der langjährige Generalmusikdirektor James Conlon am Ende einer sehr fruchtbaren Arbeit mit eben diesen „Gürzenich"-Musikern, deren alter Konzertsaal seit der Eröffnung der Kölner Philharmonie 1986 für anspruchsvolle Konzerte nicht mehr frequentiert wird. Zu bedeutend ist der Zugewinn an zeitgemäßen architektonischen und akustischen Reizen, die der weltweit von Musikern und Hörern gleichermaßen geschätzte, einzigartige Konzertsaal verströmt. Die akustischen Verhältnisse genügen dem Mithausherrn WDR, den Saal als Aufnahmestudio zu nutzen.

Unter gemeinsamen Dächern mit dem Museum Ludwig liegt die Philharmonie unterirdisch zwischen Dom und Rhein. Eine spektakuläre Deckenkonstruktion mit kunstvoll gestalteten Audio- und Lichtsystemen bildet den Deckel einer Arena für rund 2.000 Menschen, die wie in einem Amphitheater von allen Plätzen gleichermaßen gut sehen und hören können. Wie in Berlins Philharmonie gibt es auch Plätze hinter der Bühne, die für monumentale Kompositionen als Chortribüne genutzt werden. Überhaupt setzen verschiedenste Balkone und Podeste der Phantasie der Künstler keine Grenzen, den Raum selbst in ihren Interpretationen zu inszenieren.

Nach mehr als zwanzigjähriger, unzweifelhaft erfolgreicher Geschichte mit rund 400 jährlichen Konzertterminen – 2008/09 werden es eher 500 – und rund 600.000 Besuchern pro Jahr hat das anspruchsvolle Konzertprogramm (rund 250 Uraufführungen bis 2008) und die Creme der internationalen Gäste entscheidend zum Ruf der Musikstadt Köln beigetragen. In der Philharmonie finden alle Spielarten von gehobener Unterhaltung bis zu engagierten Projekten ein angemessenes Forum. Selbst intime Veranstaltungen wie das Klavierrezital, der Streichquartett- oder der Liederabend gelingen atmosphärisch in diesem Ausnahmesaal. Die Wiener Philharmoniker konzertieren hier seit Jahren in einer eigenen Abo-Reihe, alle namhaften Künstler der Klassik und des Jazz gastierten bereits in diesem edlen Hause. Wer diesen Raum, seine Gastkünstler oder die beiden Hausorchester „Gürzenich-Orchester" und „WDR-Sinfonie-Orchester" erleben will, sollte sich rechtzeitig um Karten bemühen. Eine ganz aktuelle Chance für eine musikalische Kostprobe bietet die Reihe „Philharmonie-Lunch". Beinahe an jedem Donnerstag gewährt das Haus eine kostenlose musikalische Mittagspause, eine halbe Stunde für die Teilnahme an einer laufenden, offenen Probe im Konzertsaal, wo oft auch ein komplettes Werk aus einem Abendkonzert geboten wird – meist von den Hausorchestern. Abends warten hundert unreservierbare Stehplatzkarten auf Kurzentschlossene – es lohnt.

Markus Stenz ist der neue Chefdirigent des Kölner Gürzenich-Orchesters. Seit 2004 trägt er auch den Titel des Städtischen Generalmusikdirektors.

Kölner Philharmonie
Bischofsgartenstraße 1
Köln-Innenstadt
F: 0221 / 20 40 80,
0221 / 224 37, 0221 /
28 02 82 (Karten)
S: Heumarkt
U & B: Hauptbahnhof
E: je nach Veranstaltung
M: kontakt@guerzenich
-orchester.de
I: www.guerzenich-
orchester.de, www.
koelner-philharmonie.de

Gürzenich-Orchester

Kölns ältestes Orchester spielt in Oper und Konzert

Bis in die Gründungstage der großen und kleinen Domkapelle im 15. Jahrhundert reicht die Vorgeschichte des „Gürzenich-Orchesters" zurück. Die Domkapelle bestimmte sowohl die Kirchenmusik als auch das Konzertwesen und die Theatermusik der Stadt. 1827 verschmolzen betuchte und kunstbeflissene Kölner Bürger die bestehende „Musikalische Gesellschaft" und den „Singverein" zur „Concert-Gesellschaft", um ihre Winterkonzerte nun als „Gesellschafts-Konzerte" zu etablieren und die ersten Kölner „Niederrheinischen Musikfeste", damals mit Felix Mendelssohn als Dirigent, zu organisieren. Nach der festlichen Einweihung des frisch gerichteten „Gürzenich-Konzertsaals" im Jahre 1857 schlich sich zunächst inoffiziell der Name „Gürzenich-Orchester" bei den Musikfreunden ein.

Unter dem von Johannes Brahms empfohlenen Kapellmeister Franz Wüllner wurde das Orchester 1888 in die städtische

Hand überführt. Das signalisierte die offizielle Grundsteinlegung für das heute rund 120-köpfige Traditionsensemble. Bedeutende Kompositionen wie Brahms Doppelkonzert, „Eulenspiegel" und „Don Quixote" von Richard Strauss und Mahlers 5. Sinfonie wurden in Köln von diesem Orchester uraufgeführt. Diese ehrenvolle Aufgabe setzte sich über Werke von Max Reger und Bernd Alois Zimmermann bis in die Gegenwart fort. Eine unvergleichliche Ära war die künstlerische Zusammenarbeit mit Günter Wand, der von 1945 bis 1974 dieses Orchester im Wechselbad von klassisch-romantischem Repertoire und zeitgenössischen Werken formte. Marek Janowski eröffnete 1986 als amtierender Kapellmeister die Kölner Philharmonie, bevor 1991 James Conlon die Geschicke des Orchesters in die Hand nahm. Der Amerikaner strebte dabei einen seinem Temperament entsprechenden Aufbruch in das internationale Musikgeschäft an – der Weltreisende in Sachen Musik brachte frischen Wind in den Tourneeplan und in die Aufnahmetätigkeit für die Plattenfirma EMI. Markus Stenz folgte 2003/04 als Chefdirigent und Gürzenich-Kapellmeister, ab 2004 auch mit dem Titel des Städtischen Generalmusikdirektors. Er brach gleich mit den üblichen Konzertkonventionen – in seinen Aufführungen folgt nach dem Programm ein „3. Akt", ein kurzes Werk, das als Überraschungsstück den jeweiligen Abend beschließt. Diese Art der Darbietung wurde mit dem Titel „Bestes Musikprogramm" ausgezeichnet. Jedes Konzert können die Abonnenten nach dem Musikgenuss als Konzertmitschnitt direkt nach Ende des Applauses im Foyer erwerben und von Solist und Dirigent signieren lassen – diese Idee des GMD ist weltweit einzigartig und wird begeistert aufgegriffen. 2008 sind bereits 10.000 Sofort-CDs verkauft, die Aktion namens „GO live!" wurde vom Land prämiert. Und auch mit der internationalen Präsenz des Kölner Klangkörpers geht es voran: in 2007 reiste das Orchester nach Griechenland und China, gastierte in Amsterdam, Wien und Edinburgh, 2008 debütiert es bei den berühmten BBC Proms in London. Es kann sich hören lassen.

Hochschule für Musik Köln

Hier üben junge Meister den Erfolg von heute und morgen

Konrad Adenauer initiierte persönlich die Gründung einer Staatlichen Hochschule für Musik – er war 1925 Kölns Oberbürgermeister. 1976 wurde der aktuelle Sitz der Hochschule in Beton gegossen, das damals modernistische Haus wirkt heute nicht wirklich anheimelnd, ist aber funktionell. Täglich lassen sich hier hochwertige Konzerte der Meisterschüler und Talente erleben, Vorspielabende, Examenskonzerte, große Sinfonie- und Chorkonzerte bis zu inszenierten Opern. So bietet die „Muho" ein der Öffentlichkeit zugängliches, unerschöpfliches

Dagobertstraße 38
Köln-Innenstadt
F: 0221 / 912 81 80
S: Hauptbahnhof
U: Breslauer Platz, Ebertplatz
Ö: je nach Veranstaltung
M: sauer@mhs-koeln.de
I: www.mhs-koeln.de

Repertoire aus allen Stilen bei meist freiem Eintritt. Außerdem beherbergt sie in regelmäßigen Abständen internationale Wettbewerbe, zu denen aus der ganzen Welt die besten Sänger und Instrumentalisten anreisen, um in Köln ihre kreativen Kräfte zu messen. Und eine Jazznacht gibt es seit einigen Jahren auch – Talente und junge Stars sind ja dank der Jazzabteilung der Muho ausreichend vorhanden.

Schlosskonzerte:
Schloss Augustusburg Brühl
F: 0221 / 28 01 (Karten)
E: je nach Veranstaltung
M: beate.brenig@t-online.de, info@schlosskonzerte.de
I: www.koelner kammerorchester.de, www.schlosskonzerte.de

Kölner Kammerorchester

Stammorchester im Schloss Augustusburg Brühl

Die Renaissance der Kammermusik in den Zwanzigern des letzten Jahrhunderts bewegte den damaligen Generalmusikdirektor Hermann Abendroth zur Gründung eines Kammerorchesters. 1963 übernahm der junge Helmut Müller-Brühl, der 2008 sein 45-jähriges Dirigentenjubiläum und seinen 75. Geburtstag in einem Abschiedskonzert auf den heiligen Treppen des Schlosses feiern darf, die Leitung des Orchesters und etablierte seine Musiker als Stammorchester der Brühler Schlosskonzerte. Zehn Jahre musizierte das Ensemble auf historischen Instrumenten, um 1986 die dabei gewonnenen Erfahrungen auf ein modernes Instrumentarium zu übertragen. Müller-Brühls Rezept wirkte so erfolgreich, dass sein Kammerorchester neben einer Flut von Ton-Einspielungen feste Reihen unter dem Titel „Das Meisterwerk" in Köln und Paris betreibt und als Tourneeorchester mit Stars und jungen Talenten die ganze Welt bereist. Die genannten **Brühler Schlosskonzerte**

Die Capella Augustina, 1996 von Andreas Spering gegründet, ist das Orchester der Brühler Schlosskonzerte.

bieten einen historischen Rahmen für Barock und Klassik, der in Köln sonst nicht zu finden ist. Künstlerischer Leiter dieser schönen Konzerte ist Andreas Spering mit seiner Capella Augustina, ein Orchester auf alten Instrumenten. 2008 feiern die Brühler Schlosskonzerte ihr 50. Jubiläum.

Kammeroper Köln

Lebendiges Musiktheater für Junge und Junggebliebene

Friedrich-Ebert-Str. 4
Köln-Rodenkirchen
F: 0221 / 24 36 12
U: Rodenkirchen
E: 12-22 €, erm. 8-15 €
M: kartenbestellung@
kammeroper-koeln.de
I: www.kammeroper-koeln.de

Auch die freie Szene arbeitet unverdrossen für die kleinen Musikfreunde, allerdings mit „klassischem" Material. Schon immer plante die Kammeroper Köln für die Zukunft: Seit zehn Jahren widmet sie sich der Förderung des Sänger- und Musikernachwuchses. Und gab den jungen Künstlern in der Musikhochschulstadt Gelegenheit, neben oder nach dem Studium Bühnenerfahrung zu sammeln. Seit Sommer 2007 hat sich der Traum von einer eigenen Spielstätte in Köln erfüllt. Rodenkirchen wurde zur neuen Heimat der rührigen Gastspieltruppe. Ihr Anspruch ist es, mit dem kleinen Theater eine Werkstatt für ein lebendiges, kritisches und unterhaltsames Musiktheater zu schaffen. Dazu zählt auch die verstärkte Arbeit für Kinder und Jugendliche, für die Kinderopern wie „Die kleine Zauberflöte" verstärkt angeboten werden. Aber auch eine „Lustige Witwe" schaut im Sommer 2008 von der neuen Bühne, für Menschen zwischen 12 und 88 Jahren.

Jacques Offenbachs Klassiker „Orpheus in der Unterwelt" in der Kammeroper Köln.

Die Kölner Chorszene

Vom Requiem bis zum Karnevalslied

Sechs große Chorkonzerte allein in der Saison 2008/09, dargeboten von Kölner Chören und wechselnden Orchestern in der Kölner Philharmonie mit Werken wie Tippetts „Child of Our Time" und Stravinskys „Psalmensinfonie" – Raritäten in Kölns feinster Stube. Eine solch starke Präsenz auf dem gehobenen Parkett des berühmten Konzerthauses verdankt die Kölner Chorszene dem einzigartigen „Arbeitskreis Kölner Chöre", der das Risiko der Einzelveranstalter bündelt und auch Konzerte mit ausgefallenen Werken ermöglicht. Bei rund 400 Kirchenchören, Männerchören, Kinderchören und Vokalensembles allein in Köln lässt sich die Bedeutung und die Tradition des Laiengesanges ermessen, aber auch die Qualität, die freundschaftliche Konkurrenz im Stadtgebiet provoziert. Besonders die zahlreichen Kirchenkonzerte lassen sich wegen des stimmigen Rahmens als besondere Konzerterlebnisse empfehlen. Als älteste Chorvereinigung sei hier der „Kölner Männer-Gesang-Verein" von 1842 erwähnt, der alljährlich zur Karnevalszeit einen Monat lang ein „Divertissementchen" in der täglich ausverkauften Kölner Oper ausrichtet. Die Herren führen dann mit Lust und professionellem Beistand selbst gebastelte musikalische Schwänke aus Oper, Operette und Stadtgeschichte auf – und stemmen selbstverständlich auch das Ballett samt Primadonna.

Der in Buenos Aires geborene **Mauricio Kagel** gilt neben dem Kölner Karlheinz Stockhausen als einer der profiliertesten Komponisten der zeitgenössischen Musik. 1957 kam er nach Köln, das sich durch die außerordentlichen Aktivitäten des WDR auf dem Gebiet der Neuen Musik einen weltweiten Ruf als Zentrum der Avantgarde erworben hatte. Kagel, der mit Vornamen eigentlich Mauricio Raul heißt, blieb Köln seitdem treu.

Neue Musik

Köln, das Zentrum der elektroakustischen Musik

Die Pflege zeitgenössischer Klänge hat in der Domstadt Tradition. 1921 wurde hier die „Gesellschaft für neue Musik" (GNM) gegründet, die mit Unterbrechung über fünf Jahrzehnte Vortragsabende und Konzerte organisierte. Als Herbert Eimert 1951 im WDR das „Studio für Elektronische Musik" einrichtete, fühlte sich die Avantgarde der Komponisten angezogen. Besonders Karlheinz Stockhausen wurde zum prominenten Exponenten dieser Kölner Bewegung – seine Komposition „Gesang der Jünglinge" wirkte revolutionär auf das Konzertpublikum. Begünstigt wird die Kölner Szene natürlich durch den Sender, der die zeitgenössische Musik mit Auftragskompositionen und Studioproduktionen fördert, und durch die Musikhochschule, die Kapazitäten wie Bernd Alois Zimmermann, Stockhausen, bis 1991 Hans Werner Henze und Mauricio Kagel (bis 1997) als Dozenten an sich binden konnte. Die 1981 gegründete „Kölner Gesellschaft für Neue Musik" bietet das „Experimentierfeld Neue Musik", auf dem unermüdlich uraufgeführt wird. Neues erklingt gegenwärtig in Konzerten der Musikhochschule, des WDR, der Philharmonie und natürlich in Projekten der zahlreichen Einzelkünstler und Ensembles auf wechselnden Kleinbühnen der Stadt. Auch in der „KölnerMusiknacht", organisiert vom „Initiativkreis Freie Musik", spielt die Neue Musik eine gewichtige Rolle. Das **Ensemble musikFabrik,** eines der führenden Orchester für neueste Klänge, hat seinen Sitz in Köln.

WDR Big Band

Grammys aus Köln

Vor 60 Jahren begann die Geschichte der heutigen WDR Big Band, einem pulsierenden multi-stilistisch einsetzbaren Klangkörper, als Tanzorchester in Köln. Über die Namen Kurt Edelhagen, Werner Müller und Jerry van Rooyen, die alle noch einen kultivierten und harmonischen Ton bevorzugten, kam mit Bill Dobbins erstmals ein Arrangeur, Komponist, Instrumentalist und Freidenker in die feste Position des Big-Band-Leaders. Seit Rooyen regierte der Jazz, seit Dobbins auch grenzüberschreitende Begegnungen im weiten Feld des Jazz. Im Jahre 2003 konnte Michael Abene, ebenfalls ein Mann mit großer Originalität und breitem Wissen, als Künstlerischer Leiter der Big Band verpflichtet werden.

Die philharmonischen Auftritte des Orchesters sind sehr beliebt, und große internationale Meriten konnten einige der zahlreichen Projekte mit Gastsolisten und Leadern erringen: 2007 wurde eine Produktion mit Michael Brecker und Vince Mendoza mit einem Grammy gesegnet. Seit diesen Tagen muss auch Amerika immer mit der deutschen Band im internationalen Ranking rechnen: 2008 war sie wieder an zwei grammyprämierten Alben beteiligt.

WDR-Konzerte im Klaus-von-Bismarck-Saal
Wallrafplatz 5
Köln-Innenstadt
F: 0221 / 28 01 (Karten), 0221 / 220–0 (WDR)
S: Heumarkt
U: Hauptbahnhof, Appellhofplatz
I: www.wdr-orchester.de

Blue Notes vom Rhein spielen international in der ersten Riege: die WDR-Bigband.

WDR-Konzerte im
Klaus-von-Bismarck-
Saal
Wallrafplatz 5
Köln-Innenstadt
F: 0221 / 28 01
(Karten), 0221 /
220–0 (WDR)
S: Heumarkt
U: Hauptbahnhof,
Appellhofplatz
I: www.wdr-orchester.de

WDR Rundfunkorchester und WDR Rundfunkchor Köln

Hauptsache flexibel

Ganz unscheinbar und doch sehr effektiv arbeiten zwei professionelle Formationen des WDR. Das Rundfunkorchester mit seinem Chefdirigenten Michail Jurowski produziert mit seinen knapp 60 Musikern fleißig Sendeminuten – von klassisch bis zu zeitgenössischer Unterhaltungsmusik, Melodien aus Musical und Operette bis zum Jazz. Sowohl im Klaus-von-Bismarck-Saal des Kölner Funkhauses als auch in der Kölner Philharmonie stellen die Musiker ihre Programme vor, die sie aber auch im gesamten Sendegebiet aufführen. Bis 2003 bekleidete der Wiener Dirigent Helmuth Froschauer das Amt des Chefdirigenten. Er hatte zuvor als Chef den WDR Rundfunkchor betreut, dessen Aufgabengebiet ähnliche Vielseitigkeit aufweist wie das des Rundfunkorchesters. Ruppert Huber, Chef seit 2004/05, arbeitet mit dem Chor seit mehr als zwanzig Jahren. Er ist selbst Komponist und ein Fachmann für neueste Chormusik. Bei Kantaten-, konzertanten Opern- oder Gala-Konzerten treten die Ensembles häufig gemeinsam auf – ab und an auch in Kölner Kirchen.

WDR-Konzerte im
Klaus-von-Bismarck-
Saal
Wallrafplatz 5
Köln-Innenstadt
F: 0221 / 28 01
(Karten), 0221 /
220–0 (WDR)
S: Heumarkt
U: Hauptbahnhof,
Appellhofplatz
I: www.wdr-orchester.de

WDR Sinfonieorchester Köln

Zwischen Neuer Musik und romantischem Klangideal

1947 entstand das heutige WDR Sinfonieorchester im damaligen Nordwestdeutschen Rundfunk in Köln. Es ist der intensivst gepflegte Klangkörper des Kölner Senders, der auch im neuen Jahrtausend die immer wieder betonte, uneingeschränkte Rückendeckung des Sender-Intendanten genießt. Dies ermöglicht interessante Projekte in der Heimatstadt, die sich sonst kein Veranstalter leisten könnte. So führten die WDR-Musiker eine der letzten Szenen aus Karlheinz Stockhausens Werk-Zyklus „Licht" auf, ein Werk für Orchester und Chor, synchron gespielt in zwei verschiedenen Sälen. Dazu wurden die beiden Haus-Konzertsäle des Orchesters, der Große Sendesaal im WDR-Funkhaus und die Kölner Philharmonie, aufwendig vernetzt, damit Stockhausen am Regiepult die zeitgleichen Klangereignisse vermischen konnte. Eine Auseinandersetzung mit der Neuen Musik und die Vergabe von Auftragskompositionen sind Hauptanliegen dieses Orchesters, dessen Interpretationen der Neutöner den Ruf der Stadt Köln als Metropole der Neuen Musik entscheidend geprägt hat.

Auch als Hausorchester für Hörfunk- und Fernsehproduktionen ist dieses Orchester spezialisiert auf die Begegnung mit ständig neuem Notenmaterial. Daneben tritt verstärkt die Pflege eines klassisch-romantischen Repertoires, das die zahlreichen sinfonischen Abonnentenkonzerte in der Kölner Philharmonie und die Konzerte im sonstigen Sendegebiet bestimmt. Abbado, Solti, Böhm, Klemperer und Maazel hießen die zahlreichen Gastdirigenten, Bertini, Vonk und seit 1997 Semyon Bychkov bestimmten als Chefdirigenten die jüngere Musikgeschichte. Besonders unter der Ägide des russischen Maestros Bychkov feilen Manager und Musiker intensiv an der wachsenden internationalen Bekanntheit des Orchesters. Tourneen mit Werken unter anderem von Strauss und Schostakowitsch führten das grandiose Gespann nach Japan, Europa, Südamerika und erstmals in die USA – 2010 wird die segensreiche, gemeinsame Zeit zu Ende gehen.

Die Stadtgarten-Initiative Köln

Kölns Oase für zeitgenössische Kulturerlebnisse

Venloer Straße 40
Köln-Innenstadt
F: 0221 / 952 99 40,
0221 / 28 01 (Karten)
U: Hans-Böckler-Platz
E: je nach Veranstaltung
M: mail@stadtgarten.de
I: www.stadtgarten.de

Der eigentliche Plan des Kölner **Stadtgartens** ist an seiner Einzigartigkeit gescheitert: Geplant war ein Netz gleichartiger Aufführungsorte verteilt über Deutschland, eine perfekt organisierte deutsche Szene der „Improvisierten Musik" mit pulsierendem kreativem Austausch. Das Pilotprojekt in Köln ist allerdings sensationell durchgestartet, und den Nutzen dieses Konzerthauses genießen Musiker der ganzen Welt und besonders Jazzfreunde in und um Köln herum. Über 400 Veranstaltungen zieht das Kreativ-Team um Reiner Michalke jährlich durch, das Gebäude bietet einen großen Konzertsaal und einen Club im Keller, seit 2003 auch wieder mobile Bühnen in den gastronomisch vermieteten Räumen. Diese Vermietung des Restaurantbetriebes und des im Sommer vor Menschen berstenden, sehr schön gelegenen Biergartens im Kölner Stadtgarten finanziert den Spielbetrieb der künstlerischen Abteilung und sichert eine künstlerische Unabhängigkeit.

So forscht der Stadtgarten abseits ausgetretener Wege in den unendlichen Weiten anspruchsvoller neuer Jazz- und Weltmusiken. Seit dem Bezug des neuen Konzertsaals 1986 hat sich hier die europäische und amerikanische Avantgarde die Klinke in die Hand gegeben. Dem neuen Jahrtausend begegnen die Planer mit einer Öffnung zu aktuellen und populären Trendmusiken. Neben der WDR Big Band und seltenen Gastspielen namhafter Giganten aus besseren Tagen beim Jazzmeeting WDR beherrschen den Konzertsaal hoffnungsvolle Talente der europäischen Szene. Im Studio 672, einem Kellerclub im Hause, darf die lokale Szene konzertieren, mit vielen sehr guten Gigs und einem tollen Pool bester Musiker.

Eine kleine und feine Bühne hat der WDR-Musiker Hans-Martin Müller in einer Privatinitiative geschaffen, die ebenfalls mit avantgardistischen Künstlern der Jazz- bzw. Neue Musik-

Szene arbeitet. Er hat das Loft zum Studio- und Konzertsaal umgebaut und bietet ein ausnahmslos engagiertes und hochwertiges Programm aktueller Musik.

Eine ganz neue Bühne für den Jazz und anverwandte Kunst floriert im **Alten Pfandhaus.** Das Gebäude der ehemaligen Pfandkreditanstalt (gegründet 1820 als Leihhaus) liegt in der Südstadt und wurde liebevoll in privater Initiative zu einer fantastischen Location umgebaut. Sie besitzt einen Konzertsaal mit bis zu 300 Plätzen, seit 2008 sogar mit gepolsterten Sitzreihen, einen Ausstellungsraum und eine Lounge – und besonders einen Sponsor, der aus privater Tasche manch wunderbares Reiseprogramm berühmter Jazzmusiker an sein neues Haus verpflichtet. Danny Gottlieb, Mike Stern, Jacky Terrasson, Bill Dobbins, Pat Martino, selbst Curtis Stigers und die isländische Band „Mezzoforte" stoppen wieder in Köln.

Kölschrock

Zwischen Popularkultur und Message

In den Sixties hatte eine junge Kölner Coverband die Idee, englische Popklänge mit kölschen Texten zu verschmelzen. Sie nannten sich deshalb „Black Fööss", wobei die Sprachvermischung nur ein Trug ist: Bläck heißt nämlich in Köln nackt, und die jungen Männer traten folgerichtig mit nackten Füssen auf. Sie haben mit Ironie und oft auch bissig volksnahe Texte gebastelt, die als „neue Hymnen" zunächst im Karneval populär wurden, obwohl die Bühnenoptik der langhaarigen, jungen Nacktfüßler bei manchem eingefleischten Karnevalisten Zornesfalten erzeugte. Heute wäre der rheinische Karneval ohne die „Black Fööss", die „Höhner" oder die „Paveier" und ihre hundertfachen Nachahmer undenkbar. Und da in Köln eigentlich immer Karneval ist, wenn mehr als zwei Personen ein Kölsch trinken, sind diese Massen von Volksmusikanten ganzjährig beschäftigt: kein Straßenfest, kein Schützenfest, kein Sommerfest und selbst kein Sauffest auf Mallorca kann auf kölsche Klänge verzichten. Vom Aprés-Ski in Österreich bis zum Fassanstich auf dem Oktoberfest in Australien, alle lieben kölsche Tön. Und mittlerweile grölen die Fans der Gruppen „Brings" oder „Höhner" Songs von Bayern bis Ostende durch die Säle, die Hits greifen überall – da sind wir dabei!

1979 nannte sich die erste LP des Südstadtbarden Wolfgang Niedecken bewusst „BAP rockt andere kölsche Lieder". Ein Jahr später trat der Gitarrist Klaus „Major" Heuser in die Band ein. Dieses Gespann aus Dichter und Musiker verwandelte mit Unterstützung der EMI eine härtere Kölschrock-Variante in ein Produkt, das in kölscher Sprache die Welt eroberte. BAP spielte als Vorgruppe der „Rolling Stones", betätigte sich im Schulterschluss mit Joseph Beuys auf politischen Massentreffen. BAP reiste 1987 nach China und zwei Jahre später in die

UdSSR. Anlässlich des 30. Geburtstags 2006 wurden für die „Hits und Klassiker aus drei Jahrzehnten BAP" Geschichten neu „gerührt, geschüttelt und auf links gedreht, so als ob sie erst letzte Woche geschrieben worden wären", wie es Wolfgang formulierte. Für die Liebhaber der guten alten Schallplatte gibt es das BAP-Album „Radio Pandora" ab Mitte 2008 auch als dreifaches Vinylalbum. Darauf sind beide neuen CDs zu hören, eine ist nämlich „plugged", eine „unplugged", für jeden Geschmack etwas – die Firma BAP brummt!

Verdammt lang her: Seit weit über zwanzig Jahren ist die Kölschrock-Band BAP wichtigster Kölschexport. Frontmann **Wolfgang Niedecken** machte den rheinischen Dialekt zu einer anerkannten Musiksprache.

SZENE

Hip, alternativ, elegant, schwul & lesbisch, aber manchmal auch traditionsbewusst oder schmuddelig. Vor allem aber gerne schräg. Jeder Jeck is anders, sagen die Kölner. An dieses Lebensprinzip hält man sich gern.

Rock, Blues, Techno, Jazz & Co

Die vollständigen Adressen und Infos finden Sie im Register.

Hier brummt die „schäl Sick": Das „Gebäude 9" in Deutz ist eine ausgediente Fabrikhalle mit vollem Partyprogramm.

Eigentlich gibt es in Köln so gut wie alles. Im Mikrokosmos trifft das selbst auf die früher eher schlecht beleumundete rechte Rheinseite zu, wo seit 1996 das **Gebäude 9** in einer ausgedienten Fabrikhalle in Deutz mit Konzerten, Partys, Filmvorführungen und Theater kulturelle Rundumversorgung anbietet. Das Ambiente ist „schäl Sick" vom Besten. Bei der Auswahl der Live-Gigs lassen sich die Betreiber zielsicher und mit großem Erfolg vom eigenen Geschmack leiten. Ergebnis ist ein Programm, welches das Gebäude 9 inzwischen zu einer der angesagtesten Locations in Köln gemacht hat. Das musikalische Repertoire reicht von Pop/Folk über Alternative Country, Drum 'n' Bass, Punk bis zum Funk – eben eigentlich alles. Mit den monatlichen Basswerk-Sessions und Phonogenic-Partys ist das Gebäude 9 zudem inzwischen richtungsweisend im Drum 'n' Bass-Bereich. Ein Muss für den, der es mag.

Doch Köln präsentiert sich gern auch schick. Eventgastronomie in all ihren Facetten deckt das Angebot des **Alten Wartesaals** ab. Vom Feinsten war das Jugendstil-Ambiente schon bei der Einweihung im Jahr 1915. Edle Hölzer, Stuck und Marmor bestimmten den Charakter des mächtigen Gewölbes. Nach und nach verfiel der Wartesaal aber zusehends, bis ihn 1983 eine Betreibergesellschaft um den Showmaster Alfred Biolek und den Gastronomen, Architekten und Produzenten Gigi Campi von der Bundesbahn anmietete und mit großem Aufwand wieder herrichtete. Heute brummt der Laden – und das im wahrsten Sinn des Wortes. Wenn oben die Züge über die Gleise des Hauptbahnhofs rumpeln, vibrieren im Wartesaal unten die Kölschgläser auf der Theke. Die Konzerte und Partys im Saal sind vom Besten, ausgesucht ist die Edelgastronomie im angrenzenden Restaurant. Das Publikum ist schick und teilweise auch prominent. Und wenn der Dresscode für die Blue Monday Party mit Funk, Soul und Dance Classics „Sexy und Stylish"

Jura hat er studiert, kochen kann er auch, und Doktor ist er. **Alfred Biolek,** der mit vollem Vornamen Alfred Franz Maria heißt, wurde nach einigen Jahren als Justitiar beim ZDF und Produzent bei der Bavaria zu einem der populärsten Showmaster im deutschen Fernsehen. Seine beliebte Sendung „Boulevard Bio" wurde im Herbst 2003 durch „Menschen bei Maischberger" ersetzt, immer noch produziert von Bioleks Kölner Firma „Pro GmbH".

Schon bei seiner Einweihung war das Jugendstil-Ambiente des Kölner „Alten Wartesaals" am Hauptbahnhof vom Feinsten. Die schicke Lokalität hat sich zu einer ersten Adresse entwickelt.

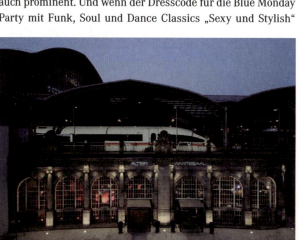

lautet, kann man sich darauf verlassen, dass die Türsteher energisch auf dessen Einhaltung bestehen.

Da geht es im **Blue Shell** nahe dem Barbarossaplatz dann doch etwas legerer zu. Mit seinem schwarz-weißen Fliesenboden und der kühlen Beleuchtung hat der Laden zwar auch ein bisschen etwas von einem Wartesaal, doch er gehört seit seiner Gründung im Jahr 1979 zu den Kultclubs der Kölner Szene.

Seit langer Zeit ein Kultclub der Kölner Szene: Das „Blue Shell" nahe dem Barbarossaplatz feiert alternative Lebendigkeit.

In den 80er Jahren konnte es hier zwischen Teds und Punks, Skins und Rockern manchmal elektrisierende Begegnungen geben, doch diese Zeiten sind vorbei. Geblieben ist die Anziehungskraft des Blue Shell auf ein bunt gemischtes Publikum, das Spaß sucht und findet. Live-Acts der alternativen Scene, Lesungen und Partys stehen dabei ebenso auf dem Programm wie das gemeinschaftliche Bangen um den gefährdeten Lokalmatador 1. FC Köln vor der Flimmerkiste. Wem die neudeutschen Definitionen musikalischer Stilrichtungen nicht ganz so geläufig sind, dem steht Blue Shell-Betreiber Rolf Kistenich gerne erklärend zur Seite: „Alternative ist eben nicht Mainstream." Im Blue Shell bedeutet das handgemachte Musik mit

Gitarre, Bass und Schlagzeug, die ihre Wurzeln im Rock und auch Punk hat.

Musikalisch die volle Breitseite bekommt das Publikum in der **Live Music Hall** und im **Underground** zu hören. Beide Clubs liegen fußläufig voneinander entfernt in Köln-Ehrenfeld. Britpop wird hier serviert, Punk, Rock live und zu den Partys und Discos Chart-Hits aus der Konserve. Bei den Feten in der Live Music Hall kann man sich dann zudem auch noch der dosierten Druckbetankung hingeben: Bei den „Let's Dance"-Partys (mittwochs ab 20 Uhr) kosten die Getränke zwischen 20 und 21 Uhr 30 nur die Hälfte. Bei anderen Anlässen wie „Poplife" (1. und 3. Freitag im Monat), „80er" (2. und 4. Freitag), „Don't Stop" (parallel zu „Poplife" oder „80er") gibt es zwischen 21 und 23 Uhr sogar Freibier, und das nicht nur für Kölner.

Das **Luxor** in der Innenstadt hat unter den Clubs der Kölner Rock/Pop-Szene das Recht der ersten Nacht gepachtet. Er ist der älteste von allen und weiß dieses Privileg mit Gesten der großzügigen Hand vorzuzeigen. Musikstile wechseln je nach Party. In der Zülpicher Straße rockt es heftig im MTC, so wie es traditionsbewusste Fans gern haben. 300 Leute können sich hier tummeln, wenn spät am Abend, meist gegen zehn, die harten Saiten angeschlagen werden. Andere Traditionen pflegt man in der Nordstadt im **Sonic Ballroom**. Da kann man schon einmal die mittlerweile auch in die Jahre gekommenen Opas des Pogo bei exotischen „No Future"-Verrenkungen beobachten. Punk ist out? Hier nicht! Am Barbarossaplatz bietet das **Stereo Wonderland** eine Stammkneipe mit Stil. Oder Style? Jedenfalls können hier schnell Komponenten von Heimatgefühl entstehen, wenn der rechte Ohrwurm durch die Räume kriecht. Soul, Funk, Rhythm & Beat und mehr serviert **Die Kantine** in Longerich. „Es gibt Dinge in der Rockgeschichte, die ändern sich nie", schrieb ein Musikkritiker nach einem Besuch in der Kantine. Angeschlossen ist der **Yard Club**, der aber ein ganz eigenes Programm bietet. Montags fühlen sich Nostalgiker im sanften „Monday Monday"-Feeling aufgehoben, mittwochs tobt „My Generation", freitags steigt natürlich das „Friday Night Fever" bis zum Äußersten und samstags blitzt der „Saturday Night Flash". Wer den Sound der Seventies mag, sollte auf keinen Fall das **Tsunami** verpassen. Warme Rottöne sorgen für das passende Zeitgefühl, Soul und Reggae wärmen dabei die Seele.

Elektro-Music und kleine Live-Shows mischen sich im **Subway** an der Aachener Straße gelegentlich gern mit literarischem Talent, wenn dort wöchentlich ein junger Dichter aus seinen neuesten Werken vorträgt. Ziemlich hip ist der **Club Camouflage** in der Innenstadt. Prinzipiell geht es hier nur elektronisch zu. Techno, Minimal, Electro, Acid, House, Acidpop, Noize – das macht mehr her als bloßer Lärm. Das **ARTheater** in Ehrenfeld ist ein kleines Gesamtkunstwerk für sich. Partys gibt es hier natürlich, mit Techno, Electro und Drum 'n' Bass, doch daneben auch Theater und dazu oft eine Videoinstallation oder eine

Wem harter britischer Rock und Punk gefällt, den zieht es nach Ehrenfeld. Im „Underground" geht es eher deftig zu.

Kunstausstellung. Im **Westpol** am Westbahnhof sind virtuose DJs gefragt. Dann mischt sich Elektronisches, House und Disco, aber auch Jazz, Soul, Afro-Cuban und Brazilian Magic. Anything goes.

„Deutschlands ältestes Jazzlokal mit täglich wechselndem Live-Jazz" liegt mitten in der Kölner Altstadt. **Papa Joe's Jazzlokal Em Streckstrump** (zu Deutsch: „Im Strickstrumpf") feierte 2003 sein 25-jähriges Jubiläum. Laut hauseigenen Annalen kann man inzwischen auf ansehnliche 10.571 Live-Auftritte zurückblicken. Jeden Abend ab 20 Uhr spielt hier eine andere Jazz-Band, sonntags gibt es zusätzlich um 16 Uhr „Four-O'Clock-Jazz" live. Der Eintritt ist immer frei. Im nahe gelegenen **Papa Joe's Klimperkasten** lässt Betreiber Hanns Buschmann die 20er Jahre lebendig werden. Der musikalische Schwerpunkt liegt im Klimperkasten auf Kaffeekonzerten und Salonmusik. Abends ab 20 Uhr gibt es Pianoklänge zu Kölsch und deftigem Essen. Auch hier ist der Eintritt frei.

Klassiker der modernen Kölner Jazz-Szene sind der **Stadtgarten** und das **Loft** in Ehrenfeld (siehe Kapitel Musik). Relaxte Atmosphäre verbindet sich auf das Angenehmste mit musikalischen Sessions auf internationalem Niveau. Hemdsärmelig wie Köln als Weltstadt ist, lässt sie sich auch hier anmerken, dass sie mehr sein als scheinen will. Nicht zu vergessen das zum Stadtgarten gehörende **Studio 672**. Es ist einer der angesagtesten Clubs in Köln. Freitags gibt es „Total Confusion", donnerstags „Vinyl Vibes" und sonst alle aktuellen Stilrichtungen wie Minimal, Techno, Reggae und 2Step. Da sollte man gelegentlich einmal dabei gewesen sein.

ZUHAUSE KENNT DICH
DOCH JEDER.

koeln-journal.de

DEINE STADT UND DU.

Hauptstadt des Regenbogens

Die vollständigen Adressen und Infos finden Sie im Register.

In Köln leben schätzungsweise 100.000 Lesben und Schwule und machen damit einen Bevölkerungsanteil von rund zehn Prozent aus. Köln ist damit eindeutig Spitze in Deutschland. Lesben und Schwule prägen den Stil der Stadt mit.

Dazu zählt ein ausgeprägtes Klima der Toleranz. Homosexuelle und Heteros schotten sich in Köln nicht kategorisch gegeneinander ab. Es gibt zwar insbesondere in der Schwulenszene Lokale, in die nur Männer eingelassen werden, im Allgemeinen sind Heteros in Lokalen mit dem Regenbogenaufkleber im Fenster oder der Flagge über der Tür jedoch willkommen – solange sie damit umgehen können, dass an der Theke auch gleichgeschlechtliche Paare miteinander turteln.

Aber nicht nur hier leuchtet Köln in Spektralfarben. Vom Timp sind es nur ein paar Minuten bis in die Altstadt mit jeder Menge schräger Kneipen und überwiegend schwulem Publikum. Je nach Geschmack finden hier Freunde der Lederszene, Bartmänner und Jungs mit anderen erotischen Präferenzen Anschluss. Ein weiteres Viertel mit hoher Schwulenkneipen-Dichte ist das so genannte Bermuda-Dreieck im Bereich der Schaafenstraße, die vom Hohenstaufenring abgeht. Hier sind die Wege kurz. Vom **Café Huber** über das **Ex-Corner** zum **Park** und dann ins **Schampanja** sind auf 100 Metern Schaafenstraße und Mauritiuswall vier bekannte, meistens volle Schwulenkneipen angesiedelt.

Anders als in der Schwulenszene gibt es in Köln eigentlich keine Lesbenlokalitäten, in denen das andere Geschlecht keinen Zugang hat. Eine bunte Mischung von Lesben, Schwulen und auch Heteros findet man beispielsweise im **Vampire** am Rathenauplatz. Die lesbischen Betreiberinnen bieten ihren Gästen mit leckeren Cocktails, angenehmer Musik und freundlichem

DJs im Duett: „Tuntablerocker" im Gloria, rechts Michi Beck von den Fantastischen Vier. Zum gemischten Programm des Clubs gehören auch Karaoke-Partys, Kabarett und Comedy.

Some like it hard: das Team der Blue Tram Lounge Bar.

Ambiente eine nette Bar, in der man sich recht gut die Nacht um die Ohren schlagen kann.

Gemischtes Publikum trifft man auch in der **Blue Lounge Tanzbar** an der äußeren Peripherie der Altstadt. Bei der Inneneinrichtung dominieren, dem Namen entsprechend, angenehme Blautöne, die Musik ist gemischt, aber durchgängig tanzbar. Am Wochenende ist es knüppelvoll, die Happy Hour von 21 bis 22 Uhr gibt preiswerte Gelegenheit, einen der gut gemixten Cocktails zu probieren. Die Chefinnen der Blue Lounge Tanzbar zeichnen auch verantwortlich für die Blue Lounge-Party (jeden dritten Samstag im Monat) und die Women Pleasure-Party (jeden dritten Freitag) im **Bürgerhaus Stollwerck** in der Südstadt. Während zur Blue Lounge-Party auch Männern Eintritt gewährt wird, ist die Women Pleasure-Party eine reine Frauenveranstaltung. Hier gilt dann tatsächlich mal „Ladys only". Bei Cocktails, Kölsch oder Smirnoff Ice wird an den drei Theken geplaudert und geschaut, wer sich wie auf der Tanzfläche bewegt – „Women Pleasure" eben.

Im **Gloria**, einem ehemaligen Pornokino, mischen sich Gays, Lesben und Heteros ganz entspannt. Hier setzt man mächtig auf den Spaßfaktor: Georg Uecker, der Dr. Carsten Flöter aus der „Lindenstraße", moderiert beispielsweise eine Abba-Karaoke-Party für alle, die dem Schwedentaumel der 70er Jahre immer noch unsterblich verfallen sind, aber auch auf den Semesteranfangsfeten verschiedenster Fakultäten der Kölner Universität wird hier bisweilen recht ausgelassen getobt. Nicht zu vergessen die schwul/lesbische Community, wobei es mehr die Szene der unter 30-Jährigen ist, die sich hier tummelt und näher miteinander bekannt macht. Ihren festen Platz haben im Gloria zudem noch Kabarett und Comedy, wie zum Beispiel das alljährlich im Oktober stattfindende Comedy-Festival.

Ganz entspannt: Im Gloria mischt sich ein buntes Publikum, darunter viele Gays und Lesben.

Erlebnisgastronomie auf Kölsch

Die vollständigen Adressen und Infos finden Sie im Register.

Kein Getränk wird so stark mit seinem Herkunftsort identifiziert wie Kölsch. Besucher wundern sich zunächst vielleicht über die 0,2-Liter-„Reagenzgläser", wissen dann aber schnell zu schätzen, dass das bekömmliche obergärige Bier in diesen Einheiten schneller getrunken als warm geworden ist. Kölsch ist Lebensstil. Trinken kann man es überall in der Stadt, am stilechtesten aber in einem der zahlreichen, alten Kölner Brauhäuser mit ihren langen, blank gescheuerten Holztischen. Wer sich nicht alleine auf ungewohntes Terrain begeben und sogar

Station auf dem Kölner Bierwanderweg: Das alte Brauhaus Sünner »Im Walfisch« ist nur eine von vielen Traditionsadressen.

Seit 1396 gibt es in Köln eine Brauerzunft, seitdem gehört auch das bekömmliche, obergärige Kölsch fest zur Kölner Kultur.

noch etwas lernen möchte, dem bietet sich der **Brauhaus–Wanderweg** an. Angeboten wird die Tour allerdings nur für Gruppen nach Voranmeldung. Rund drei Stunden dauert der geführte Spaziergang ab dem **Brauhaus Sion** durch die Altstadt, und auf dieser feuchten Infotainment-Tour erfährt man nebenbei viel über kölsche Geschichte und die Geschichte des Kölsch. Beispielsweise, dass es in Köln seit 1396 eine Brauerzunft gibt und wieso der Kölner Kellner „Köbes" heißt, sobald er Kölsch in Stangengläsern serviert. Boxenstopps in traditionellen Brauhäusern (deren Tradition oft bis in das Mittelalter zurückgeht) lockern das kölsche Sightseeing auf. Anlaufstellen sind das **Brauhaus Früh am Dom**, **Peters Brauhaus** und das **Brauhaus Sünner „Im Walfisch"**.

Künstlertreffs und In-Lokale

Die vollständigen Adressen und Infos finden Sie im Register.

Alles trifft sich natürlich im **Campi** am Wallraffplatz in der ehemaligen Kantine des WDR. Der Jazz-Produzent, Architekt und Gastronom Gigi Campi hatte 1983 gemeinsam mit Alfred Biolek den Alten Wartesaal unter dem Kölner Hauptbahnhof geschmackvoll umgebaut. Ebenfalls nach den Plänen Campis wurde 1997 die vormalige Kantine des WDR-Funkhauses am Wallraffplatz denkmalgerecht renoviert und seitdem von der Familie Campi als Bistro bewirtschaftet. Campi gehört zu den wenigen Gastronomen, die durch eine Festschrift zum 70. Geburtstag geehrt wurden. Hier hat selbst das hemdsärmelige Köln manchmal Züge einer Bussi-Gesellschaft. Man kennt sich, man begrüßt sich, man tauscht sich über die Tische aus.

Und wer in Köln etwas bedeutet in der Medien, Film- und Literatenwelt, den erkennt man am treffsichersten daran, dass der Kellner ihn kennt. Das ist nicht anders im **Alten Wartesaal**, wo nach Konzert oder Oper in der benachbarten Philharmonie nicht selten die Musik weiter spielt. Die erste Geige sitzt dann mit dem Fagott und der schönen Harfe an einem Tisch in diesem mächtigen Jugendstilgewölbe aus der Gründerzeit, und es geht mit einem späten Dinner zur Sache. Künstler aus Oper und Schauspiel gehen auch gern ins **La päd**, eine Straßenecke weiter, oder in die **Kleine Glocke** in der Glockengasse. Hier traf sich Anfang des 20. Jahrhunderts die rege Kölner Kunstszene, und auch jetzt noch hängen in dem renovierten und restaurierten Lokal Gemälde, Karikaturen und Zeichnungen an Wänden und an der Decke. Der Gründer Jakob „Papa" Dierse ist auf einem Bild über der Treppe zu bestaunen. Das Kölsch ist kalt und frisch gezapft, der Sauerbraten vom Pferd mit Klößen und Rotkraut mit elf Euro das teuerste Gericht. Die älteste Künstlerkneipe Kölns, früher Stammkneipe des Kölner Grafikers und Malers Arno Faust, hat sich herausgeputzt und ist doch der kölschen Lebensart und Liebenswürdigkeit treu geblieben.

Alles war cool in den Fünfzigerjahren, besonders der Jazz. Und Gigi Campi (2. v. l.) zählte am Rhein zu den Matadoren des neuen Lebensgefühls. Hier ist er bei einer Besprechung mit dem Jazz-gitarristen Hans Koller (3. v. l.) zu sehen. Ohne das Multitalent Campi ist die Kultur der Nachkriegszeit in Köln nicht zu verstehen. Heute erinnert das nach ihm benannte „Campi" am Wallrafplatz an ihn. Wer etwas zählt in Kölns Kultur, ist hier zu sehen.

Mitten in der geschäftigen Breiten Straße trifft man sich **Bei Bepi**, zu dessen Gästen auch zahlreiche Mitarbeiter des benachbarten WDR gehören. Die Pizza und Pasta des Italieners, der seit den Sechzigern am gleichen Platz ist, ist einfach spitze. Abends und mittags kann es allerdings manchmal ziemlich voll und laut werden.

Seit 2003 sorgt das portugiesische Bistro-Restaurant **Cento** dafür, dass die kultivierten Jecken gut essen und sich in ungezwungener Atmosphäre wohl fühlen können – im stilvollen Restaurant oder auf der Sommerterrasse zwischen Bambus und Blüten im Herzen Kölns. Da kann sich ein ganz eigenes „dolce far niente" ausbreiten. Wie wäre es zum Beispiel mit Hähnchenbrustfilet, Lindenblütenhonig und geraspelten Mandeln, nach Wahl mit Knoblauch und scharfer Sauce serviert? Ein Hauch des Südens weht durch dieses Kölner Restaurant.

Kunst und Kultur zieht auch das arabische Restaurant **Karawane** an. Alle Gerichte werden hier frisch zubereitet. Die Speisekarte zeigt auch ansprechende Couscous-Variationen. Eine ungewöhnliche Art zu speisen sind auch die kleinen neun Kostproben, die auf der Speisekarte angeboten werden. Zum Beispiel Couscous mit pikantem Gemüse und Currysoße aus Marokko.

Legendär ist die Kölschkneipe **Bei d'r Tant** auf der Cäcilienstraße, wo etwas später am Abend täglich so etwas wie Karneval gefeiert wird. In diesem gemütlichen Lokal mit gutem Service und schmackhafter Küche werden kölsche und regionale Gerichte serviert. Ein Gaffel Kölsch ist immer dabei. Nicht anders als bei intellektuellen Gesprächen am Tresen von **Früh im Veedel** am Severinsplatz. Wer des Kölners Neigung zu Menschenfreundlichkeit und kommunikativer Frische erleben will, sollte sich einfach dazwischen mischen. Der Funke springt dann schon von selbst über, nicht anders in der Veedelskneipe **Weißer Holunder** in Ehrenfeld. Geradezu Kult in Köln ist – wieder – **Lommerzheim**. Schräg gegenüber vom Finanzamt in Deutz gelegen, ist hier wirklich alles schräg. „Vergesst Hollywood! Hier ist Lommiwood!" dichtete das Boulevardblatt „Kölner Express". Doch die Gaststätte mit dem Charme einer frisch eröffneten Nachkriegskneipe ist keine Kulisse. Sie ist echt. Die **Salon Schmitz** im Belgischen Viertel leuchtet dagegen in wunderbarstem Jugenstilambiente. Man trifft sich dort, weil es einfach sehr schön ist und sehr kultiviert. Man trifft sich auch im **Metronom** am Barbarossaplatz, zum Beispiel beim coolen Jazz. Oder im an anderer Stelle beschriebenen **Stadtgarten**. Frankophil dagegen geht es in der **Bar Tabac** in der Aachener Straße zu, und manches Gesicht, das man dort sieht, könnte man vom heimischen Bildschirm kennen.

 **KINO**

Ich schau dir in die Augen,
Kleines. Ob nostalgisches
Flair oder toller Service, ob
brillante Bild- und Tonqualität
oder herausragende Programm-
auswahl: Ihr Cinema Paradiso
finden Cineasten in Köln
garantiert.

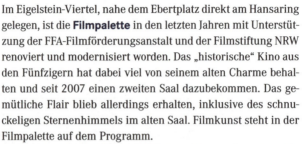

Filmkunst, Premierentaumel und Mainstream

Die vollständigen Adressen und Infos finden Sie im Register.

Im Eigelstein-Viertel, nahe dem Ebertplatz direkt am Hansaring gelegen, ist die **Filmpalette** in den letzten Jahren mit Unterstützung der FFA-Filmförderungsanstalt und der Filmstiftung NRW renoviert und modernisiert worden. Das „historische" Kino aus den Fünfzigern hat dabei viel von seinem alten Charme behalten und seit 2007 einen zweiten Saal dazubekommen. Das gemütliche Flair blieb allerdings erhalten, inklusive des schnuckeligen Sternenhimmels im alten Saal. Filmkunst steht in der Filmpalette auf dem Programm.

Im Norden der Stadt liegt das **Metropolis** am Ebertplatz. Mit seinen drei Sälen und dem mittelgroßen Foyer kann das Kino zwar nicht mit den Gastrobereichen der Großen mithalten, dafür glänzen aber die drei runderneuerten Kinosäle mit angenehmem Sitzkomfort, moderner Technik und guten Leinwänden. Die engagierte Kinobetreiberin Catherine Laakmann (ihr gehört auch das One-Dollar-Kino **Rex am Ring** am Hohenzollernring) hat sich schon früh auf Originalfassungen, hauptsächlich in englischer Sprache, und Kinderfilme konzentriert und so ihr Kino auch in Zeiten der Krise konkurrenzfähig gehalten.

Filmkunst im Ambiente schon klassisch modern gewordener Fünfzigerjahre: die Filmpalette im Eigelstein-Viertel.

Noch in den Achtzigerjahren war der Ufa-Palast, der heutige **Filmpalast**, das Kölner Flagschiff des Ufa-Konzerns, ein Hort ständigen Ärgernisses: unzureichende Kassen, schlechte Bestuhlung, lausige Leinwände. Bis die starke Konkurrenz, vor allem des Cinedoms, die Verantwortlichen zum Handeln zwang. Heute ist das Kinocenter mit seinen dreizehn Sälen und 2.226 Plätzen unter neuem Namen eine nicht mehr wegzudenkende Größe in der Stadt. Das Programm reicht vom Mainstream und Blockbuster bis zum anspruchsvollen Arthouse. Wenn in Köln bei Premieren der rote Teppich ausgelegt wird und Stars im Blitzlichtgewitter stehen, dann ist der Schauplatz des Spektakels immer das größte Kino der Stadt, der **Cinedom**. Allein der Eingangsbereich mit seiner drei Stockwerke hohen Kuppel ist einen Besuch wert. Auch wenn am Wochenende das halbe Umland in das immer noch schicke Multiplex einfällt und die Rolltreppen als Laufsteg der Provinzschönheiten herhalten müssen, bleibt den Einheimischen ja immer noch der Rest der Woche, zumal auch hier werktags die Preise purzeln. Wer Kino mag, das es auch mal richtig krachen lässt, der sollte sich solche Filme im voll besetzten Kino 4 des Cinedoms auf der gewaltigen, 222 Quadratmeter großen Leinwand anschauen, während 40 Lautsprecher einem die Ohren durchpusten. Der Cinedom ist zudem eines der wenigen Kinos in Deutschland, die in der Lage sind, 3D-Filme in digitaler Projektion zu zeigen.

Die Geschichte des **Odeon** im Herzen der Südstadt ist ein Musterbeispiel für die wechselhafte Entwicklung des deutschen Nachkriegskinos. Gestartet als großes 700-Plätze-Kino „Rhenania" in den 50er Jahren wurde das Haus in den späten Siebzigern im Zuge des großen Kinosterbens in das „Theater im Vringsveedel" umgewandelt, besser bekannt als „Trude-Herr-Theater". Erst 1987 hat das Kino unter seinem heutigen Namen „Odeon" wieder den Betrieb aufgenommen. 374 Plätze, ein „Viertelskino" mit Anspruch, Charme und Kinderprogramm. Seit dem Umzug des Kölner **Filmhauses** in das alte Bahngebäude an der Maybachstraße im Jahre 1998 verfügt die Institution auch endlich über ein eigenes Kino. Das kleine, aber feine 99-Platz-Kino kann von Video bis zum 35-mm-Cinemascope alle Formate abspielen und sorgt mit 1 Meter 10 Beinfreiheit für den nötigen Sitzkomfort, um auch sperrigere Filmkost ohne Mühen genießen zu können. Neben aktuellen Filmen besteht das Programm aus Filmreihen zu Ländern, einzelnen Personen oder Themen. Als das Kino im Winter 1945 im jetzigen Studentenviertel Quartier Latäng eröffnete wurde, hieß das **Off-Broadway** noch „Die Lupe". In den Achtzigern wurde das Kino im Hinterhof dann umbenannt und als Außenstelle des Broadways geführt. Gehobener Arthouse mit europäischer Ausrichtung wird geboten. Das renovierte Filmkunst-Kino im Studentenviertel macht mit außergewöhnlichen Angeboten auf sich aufmerksam. Darunter „Allerweltskino" oder „filmpsychologische Betrachtungen", die das interessante, ebenso anspruchsvolle wie unterhaltsame Programm abrunden. Als die Filmpaletten-Betreiber Dieter und Martina Borg Anfang der 90er das **Cinenova** eröffneten, hielten dies viele für ein zu großes Risiko. Kein anderes Kino hatte sich jemals so weit von der klassischen Kinomeile am Ring entfernt wie das Arthouse-Center in Ehrenfeld. Mittlerweile ist das geräumige Mini-Multiplex mit seinem Mix aus Mainstream und Arthouse eine feste Institution. Im großen Saal feiert die Filmstiftung die meisten ihrer NRW-Premieren. „Good Bye Lenin" bekam hier ebenso seine Leinwandtaufe wie die „Die fabelhafte Welt der Amélie". Von außen wirkt das Kino auf den ersten Blick wenig einladend, dafür bietet das lichtdurchflutete Foyer im klaren Bauhaus-Design genügend Raum zum Verweilen, bis man einen der drei geräumigen Säle betritt. Absolut partytauglich sind auch das große Kinorestaurant und der dazugehörige Biergarten, der sich im Sommer für fast zwei Monate in ein Open-Air-Kino verwandelt.

Auf dem Festival film+ werden jedes Jahr die Preise für den besten Filmschnitt verliehen. Hier im Kölner RheinTriadem.

Das Publikum ist angenehm bunt gemischt, Vorstädter treffen hier auf Studenten. Auffällig hoch ist der Anteil der Frauen über dreißig, die die entspannte Atmosphäre, das gute Programm und die angenehme Parkmöglichkeit zu schätzen wissen.

Seit Herbst 1995 bespielt der Filmclub 813 das Kino im Haus **Die Brücke** im ehemaligen British Council. Obwohl das architektonische Schmuckstück von Riphahn aus den Fünfzigern seit dem Wegzug der Briten nach Berlin immer wieder Begehrlichkeiten bei Veranstaltern wachruft, halten die über 50 Frauen und Männer des Filmclubs eisern die Stellung. Der Club gründete sich im Sommer 1990, um Filme vorzuführen, die in Köln selten oder nie zu sehen waren. Mit dem unrühmlichen Ende der Cinemathek nahm die Bedeutung der Initiative noch zu. Mit mehr als 100 Vorstellungen pro Jahr werden hier alle Bereiche vom Exploitation bis Experimentalfilm abgedeckt. Des Öfteren geht der Filmclub auch Kooperationen mit einer Vielzahl anderer Initiativen und Kulturinstitute ein, wie etwa der Feminale, dem Lebenshaus Köln, den Short Cuts Cologne und dem Französischen Kulturinstitut.

Im **Museum Ludwig** gibt es nicht nur Kunst, sondern auch Filmkunst. Ausgewählt wird das Programm des Museumskinos vom **Filmforum NRW**. Das sorgt für manche interessante und ausgewählte Preziosen.

Mit einem großen Filmfestival kann die Kulturmetropole am Rhein nicht aufwarten. Dafür finden hier, übers Jahr verteilt, Filmevents statt, die mehr mit Klasse statt Masse von sich reden machen. Als gelungene Mischung aus Fach- und Publikumsfestival hat sich das internationale Film- und Fernsehfestival **Cologne Conference** einen Ruf weit über die Landesgrenzen hinaus gemacht. TV-Highlights wie „ER" oder „24" liefen hier bereits lange vor ihren Fernsehstarts, aber auch Kinogrößen wie D. A. Pennebacker oder Michael Radfort stellten im Rahmen des Festivals ihre Filmwerke vor. Mittlerweile findet die Cologne Conference als Veranstaltung im Umfeld des „Deutschen Fernsehpreises" statt. Als zwei hochwertige Veranstaltungen für die Branche präsentieren sich die Verleihung des Deutschen Kamerapreises, der wichtigsten deutschen Auszeichnung für Kameraleute und Cutter im Rahmen des medienforum.nrw sowie das Festival **film+**, das jedes Jahr im November in Köln stattfindet. Neben der Vergabe des Preises für den besten Filmschnitt in Deutschland führen Cutter in Werkstattgesprächen in das faszinierende Handwerk der Filmmontage ein. Hier kann man als Zuschauer in lockerer Atmosphäre mit Regisseuren, Cuttern und Schauspielern ins Gespräch kommen.

Neu aufgestellt hat sich die **KunstFilmBiennale**. Das Festival verbindet erfolgreich die Bereiche Kunstfilm und Filmkunst und bietet damit für die Kunst- und die Kinofreunde gleichermaßen alle zwei Jahre ein hervorragendes Angebot. Spielorte sind Köln und Bonn, so im Museum Ludwig, im Kunstmuseum Bonn und in verschiedenen Galerien und Kinos.

MUSEEN

Mit vielen kleinen und großen Sammlungen kann die Kölner Region sich schmücken. Von der Antike über das Mittelalter bis zu den großen Namen der Moderne, von Preziosen bis zu sehr speziellen Exponaten.

Burg Wissem
Burgallee 1
Troisdorf
F: 02241 / 88 41 11 17
S: Bahnhof Troisdorf,
dann Bus bis Ursula-
platz
Ö: Di-So 11-17 Uhr
E: 2,50 €, Kinder unter
14 Jahren 1 €
M: museum@troisdorf.
de
I: www.burgwissem.de

Bilderbuchmuseum der Stadt Troisdorf – Burg Wissem

Ein Ort zum Schauen und Schmökern

Nirgendwo auf der Welt gibt es eine so dicht bestückte Museumslandschaft moderner Kunst wie im Rheinland. Da ist es für kleinere Gemeinden nicht einfach, kulturelles Profil zu zeigen. Der Stadt Troisdorf – zwischen Köln und Bonn gelegen – ist dieses Kunststück jedoch mit Bravour gelungen. Im roten Herrenhaus Burg Wissem, das idyllisch gelegen in einer von Wiesen und Baumbestand gesäumten Anlage im Zentrum Troisdorfs Besucher anlockt, befindet sich Deutschlands einziges ausschließlich auf Illustrationen ausgerichtetes Bilderbuchmuseum. Ein Paradies sowohl für Kinder als auch für Erwachsene. Das von einem Wassergraben aus dem 16. Jahrhundert umsäumte Museum lädt auf drei Stockwerken mit seinen hellen, geschmackvoll restaurierten Räumen zur Begegnung mit der Kunst der Illustration und zum Spielen und Schmökern ein.

Den Grundstein der Sammlung legte der Kaufmann Wilhelm Alsleben mit 300 historischen Bilderbuch-Originalillustrationen, hinzu kamen die 2.000 Bände der Kinder- und Jugendbuchsammlung von Theodor Brüggemann. Durch kluge Ankäufe und großzügige Schenkungen wuchs der Bestand in den letzten Jahren rasant. Inzwischen befindet sich hier das Janosch-Zentrum und die mit 800 Exponaten größte Rotkäppchensammlung der Welt. Das alles wird so geschickt in verglas-

Das einzige ausschließlich auf Illustrationen ausgerichtete Bilderbuchmuseum Deutschlands gibt es in Troisdorf.

ten Schränken und Schubladen präsentiert, dass die Kinder jederzeit selbst einen Blick auf die Arbeiten werfen können. Vierteljährlich gibt es im Untergeschoss aktuelle Ausstellungen, bei denen renommierte Künstler wie Tomi Ungerer, F. K. Waechter, Jutta Bauer und der Amerikaner Charles M. Schulz mit seinen „Peanuts" ihre Originalarbeiten zeigten.

Ein Besuch in Troisdorf lohnt sich aber in jedem Fall, denn für Kinder gibt es ein Spielzimmer, ein Kaminzimmer und die Bibliothek mit ihrem gemütlichen Turmzimmer, in dem man sich über die aktuelle Bilderbuchproduktion informieren kann. Dem speziellen Genre des Künstlerbuchs wird dagegen in der angrenzenden Burgremise gehuldigt. Dort stellten bereits Künstler wie Georg Baselitz, Thomas Virnich, Jürgen Partenheimer und Günther Uecker ihre Visionen dessen aus, was sich bildende Künstler unter kühnen Buchgestaltungen vorstellen.

Willy-Brandt-Allee 14
Museumsmeile Bonn
F: 0228 / 916 50
U: Heussallee / Muse-
umsmeile
Ö: Di-So 9-19 Uhr
E: frei
M: post@hdg.de
I: www.hdg.de

Haus der Geschichte der Bundesrepublik Deutschland

Überraschende Einblicke in die deutsche Nachkriegswelt

Im Jahre 1986 begann man mit der Sammeltätigkeit für ein Museum, das 14 Jahre später 230.000 Objekte sein Eigen nannte. Jeden Monat kommen bis zu 1.000 Gegenstände dazu. Das Haus der Geschichte der Bundesrepublik Deutschland in Bonn kann sich nicht über Mangel an Material beklagen, denn offenbar nehmen die Deutschen intensiven Anteil an ihrer jüngsten Vergangenheit, auf die sich das Haus der Geschichte spezialisiert. Die Jahrzehnte seit 1945 sind Thema der Ausstellungen. Man wollte sich damit vom Deutschen Historischen Museum in Berlin abgrenzen, das Geschichte seit dem Frühmittelalter untersucht.

Es ist weniger der materielle Wert eines Gegenstandes, als vielmehr die Bedeutung und die Geschichten, die man mit ihm verbindet, woran die Kuratoren des Museums interessiert sind. Deshalb sind die Aktionen des Hauses auch genau so gut wie die Dichte des Interessenfeldes, die eine Ausstellung zu knüpfen vermag. Orientiert an den Bundestagswahlen spult sich ein roter Faden chronologisch durch 60 Jahre Nachkriegsgeschichte. Manche Exponate streifen die Grenze zum historischen Fetisch, aber Originalität ist auch eine der Stärken des Hauses, das beträchtliche Besuchermassen anlockt. So kann man etwa jenen Mercedes 300 bewundern, in dem Konrad Adenauer 1955 während seiner Verhandlungen mit der sowjetischen Regierung von seinem Fahrer kreuz und quer durch Moskau chauffiert wurde. Die Ausstellungstätigkeit ist breit gefächert, man zeigt zum Beispiel Fotografien von Robert Lebeck, einem Klassiker des Fotojournalismus oder informiert über die Spionagetätigkeit im geteilten Deutschland.

Ort der Identitätsfindung nach dem Krieg: das Bonner Haus der Geschichte.

Peinlich genau ist man darauf bedacht, dass beide Teile Deutschlands paritätisch in den Programmen des Hauses vertreten sind. Wie interessant die Projekte des Hauses in ihrer Komplexität sind, zeigt etwa die Installation eines Eiscafés. Über den modischen Charme der Eisdiele findet sich der Schlüssel zum Lebensgefühl der Fünfzigerjahre. Im Thema ist aber auch der Zuzug der Gastarbeiter enthalten, die ein fester Bestandteil der bundesrepublikanischen Gesellschaft wurden. Nicht zuletzt gibt das Eis vom „Italiener" einen Vorgeschmack auf die Urlaubsgewohnheiten der Deutschen, die als begeisterte Touristen den Erdball bereisen und dabei einen veränderten Blick auf die heimischen Verhältnisse gewinnen. Einen Blick lohnt auch das Außengelände, wo der wechselnde Zeitgeschmack und geschichtliche Veränderungen anhand von Hausgärten aufgezeigt werden. In der kargen Nachkriegszeit ist der Selbstversorgergarten gefragt; in den 60er Jahren wird das Grün hinter dem Haus allmählich zum Prestigeobjekt; in den Achtzigern kehrt man zurück zum naturnahen Garten, in dem Waldblumen sprießen. Ergänzt wird diese Präsentation durch eine Ausstellung von Spielgeräten für den öffentlichen Raum.

Zeughausstraße 1-3
Köln-Innenstadt
F: 0221 / 22 12 57 89
U: Appellhofplatz,
Zeughaus
Ö: Mi-So 10-17 Uhr,
Di 10-20 Uhr
E: 4,20 €, erm. 2,60 €
M: ksm@museen
koeln.de
I: museenkoeln.de

Kölnisches Stadt-Museum

Kölns Triumphe und Katastrophen

An die Reise mit einer Zeitmaschine kann man sich beim Besuch des Kölnischen Stadtmuseums erinnert fühlen. Schon von außen steht der dunkelrote Ziegelbau mit seinen Treppengiebeln und dem Spätrenaissanceportal in unübersehbarem Kontrast zu den gläsernen Verwaltungs- und Bankgebäuden, von denen es umgeben ist. Im Inneren des ehemaligen Zeughauses, mit dessen Bau als Waffenkammer 1594 begonnen wurde, führt der Weg aus der Gegenwart in umgekehrter Chronologie zurück ins Mittelalter. Der Kampf um Unabhängigkeit von geistlichen und weltlichen Mächten ist ein durchgängiges Thema in der 2.000-jährigen Geschichte Kölns. Die Stadtgeschichte wird von Ausstellungsstücken flankiert, die vom Karneval über Zeugnisse aus der Weimarer Republik und dem Nationalsozialismus bis hin zum Stadtmodell reichen, das nach Arnold Mercators berühmtem Plan von 1571 das mittelalterliche Köln zeigt. Welch enorme Größe die Stadt im Inneren ihres ausgedehnten Mauergürtels besaß, der heute noch den Kern der Millionenmetropole ausmacht, kann man hier im Detail betrachten.

Zu den Preziosen des Museums zählen das gotische Stadtsiegel aus dem 13. Jahrhundert und der Verbundbrief, der 1396 die Stadtverfassung der Zünfte definierte. Flankiert von Fahnen, Lanzen und Rüstungen führt die Reise durch die Zeiten wieder in die Gegenwart, wobei das Museum mit seinen etwa 5.000 Ausstellungsstücken nur einen Bruchteil der rund 200.000 zur Sammlung gehörenden Exponate zu zeigen vermag. In gesonderten Abteilungen kann die Entwicklung der Stadt in den Bereichen Rheinschifffahrt, Verkehr, Wissenschaft sowie ihrer großen religiösen Tradition rekonstruiert werden. Es fehlt nicht der Blick auf die Welt der Frauen, der Kinder und die besondere Präsenz des jüdischen Lebens in Köln. Von der großen jüdischen Gemeinde und ihrem intellektuellen und finanziellen Reichtum profitierte die Stadt bis weit ins 20. Jahrhundert hinein. Zugleich wird aber auch der Antisemitismus auf einer seltenen Reliefdarstellung, der so genannten „Judensau", dokumentiert.

Eingekeilt zwischen dem Römerbrunnen an der Burgmauer und der preußischen Alten Wache finden die Besucher im Zeughaus kölsche Schicksals- und Mentalitätsgeschichte. Auf dem schlanken Turm des Hauses thront ein vergoldetes Ungetüm, das bei Kölns Touristen sehr beliebt ist. Mit dem Flügelauto, dessen Bergung sich nach einer Kunst- und Werbeaktion des Aktionskünstlers H. A. Schult im Jahre 1991 als zu kostspielig erwies, findet man hoch oben tatsächlich eine Maschinenskulptur, die auf eine Reise durch die Epochen verweist.

Ein neues Ausstellungskonzept ist ebenso in Planung wie ein dringend benötigter Erweiterungsbau.

Kolumba

Kunstmuseum des Erzbistums Köln

Kolumbastraße 4
Köln-Innenstadt
F: 0221 / 93 31 93-0
U: Appellhofplatz,
Dom / Hbf
Ö: Mi-Mo 12-17 Uhr
E: 5 €, erm. 3 €, bis 18
Jahre frei
M: mail@kolumba.de
I: www.kolumba.de

In der Epoche seiner Gründung war das 1853 aus der Taufe gehobene Diözesanmuseum als eine Art Kaderschmiede konservativ-christlichen Kunstverständnisses konzipiert worden. Die gotische Kunst galt als idealer Ausdruck christlicher Inhalte, und dem Museum sollte die Aufgabe zufallen, mit seiner Sammlung ein Vorbildrepertoire für die Arbeit zeitgenössischer Künstler bereitzustellen. 1990 ging das Museum jedoch von privater Trägerschaft in die Zuständigkeit des Erzbistums über, und damit änderte sich seine Konzeption so grundlegend, dass die exzellente Sammlung christlicher Kunst vom Mittelalter bis heute zu einer der innovativsten Institutionen der Kölner Museumslandschaft wurde.

Der neue Sammlungsschwerpunkt ist die zeitgenössische Kunst und deren individuelle Bildsprache. Mittelalter und Moderne werden in einen Dialog gesetzt. Tatsächlich ist es gelungen, die Alte Kunst mit ihrer komplexen Ikonographie so geschickt zu präsentieren, dass die Besucher die weltlichen Anteile in den Darstellungen, etwa der Madonnenfiguren, konkret entdecken können. Zu den Schätzen des Museums zählen Stephan Lochners „Veilchenmadonna" von 1440 und die archaisch wirkenden Marienfiguren aus Pingsdorf und Dattenfeld, die aus dem 12. und 14. Jahrhundert stammen. Das „Herimannkruzifix" mit seinem römischen Lapislazuliköpfchen ist ein Kleinod der Sammlung, die ihre Stärken in der Malerei, Plastik und Goldschmiedekunst des 11. bis 16. Jahrhunderts hat. Konsequent geht man aber auch auf die Moderne zu und präsentiert Arbeiten von Georges Rouault, Ernst Barlach, Otto Dix, Joseph Beuys und Antoni Tàpies.

Nach zehnjähriger Planungs- und Bauzeit wurde im September 2007 Peter Zumthors Kolumba eingeweiht, ein heller Backsteinbau, der die Überreste der einstigen Kirche St. Kolumba ebenso integriert wie die 1949 errichtete, achteckige Kapelle der „Madonna in den Trümmern". Eine geradezu auratische Ausstrahlung hat dieser Raum, in dem ein Steg in Zick-Zack-Linie über die mittelalterlichen Fundamente führt und das Licht durch die perforierten Außenmauern einfällt. Hier lässt sich ein Querschnitt durch die Stadtgeschichte auf wenigen Quadratmetern hautnah erleben. Die Sammlung selbst hat ihren Platz in durchdachten Rauminszenierungen, in denen sich das Nebeneinander von religiöser und profaner Kunst souverän entfalten kann. Ort, Sammlung und Architektur bilden einen Dreiklang, wie man ihn sich stimmiger kaum vorstellen kann. Ein Höchstmaß an Innerlichkeit und Meditation verspricht die ungewöhnlich sparsame Bestückung, denn im Kolumba hat man nichts weniger als eine Starparade der Kunst im Sinn. Das Haus und die Werke leben von Zwiegesprächen, wie

Jannis Kounellis' bürgerliche Tragödie „Tragedia Civile" im Kunstmuseum Kolumba: Vor einem Hintergrund aus Blattgold ein Hutständer mit Mantel, Hut und Öllampe. Der Goldhintergrund hat etwas Byzantinisches an sich, die Gesamtinstallation etwas Metaphysisches, fast Religiöses.

sie sich etwa zwischen der spätmittelalterlichen „Madonna mit dem Veilchen" und Josef Albers' gelb-strahlender „Huldigung an das Quadrat" aus dem Jahr 1962 oder Andy Warhols „Crosses" und einem Schmerzensmann aus dem frühen 16. Jahrhundert ergeben. Der Blick aus den Fenstern eröffnet reizvolle Perspektiven auf das Stadtbild. Die Beschränkung auf eine gehaltvolle Auswahl ermuntert zum genauen Hinsehen und zum kontemplativen Erleben. Da ist es nur konsequent, dass auf eine Beschilderung der Exponate verzichtet wird, damit Besucher nicht in ein didaktisches Korsett gespannt werden. Wer Gefallen an der ruhigen und klaren Architektursprache des Schweizers Peter Zumthor gefunden hat, dem sei ein Besuch der Bruder-Klaus-Kapelle in der Eifel empfohlen, die parallel zum Museumsbau entstanden ist. Die kleine Feldkapelle in Wachendorf, die ein ortsansässiger Bauer „aus Dankbarkeit für ein gutes und erfülltes Leben" auf einer kleinen Anhöhe errichtet hat, sieht von weitem wie ein monumentaler Gedenkstein aus, den man durch eine Stahltür betritt. Über 100 Baumstämme ließ Zumthor im Inneren zu einer zeltartigen Konstruktion aufrichten. Von außen wurde Stampfbeton gegen die Holzverschalung gegossen; anschließend wurden die Stämme drei Wochen lang einem Köhlerfeuer ausgesetzt. 350 mundgeblasene Glastropfen verschließen die Bundöffnungen, die zur Verbindung der äußeren mit der inneren Holzschalung notwenig waren. Die Atmosphäre in der modernen Wallfahrtskirche ist unbeschreiblich und zieht inzwischen mehr Besucher an, als den Anwohnern lieb ist.

Kunst- und Ausstellungs-halle der Bundesrepublik Deutschland

Ein einzigartiges Tor zur Welt der Kunst

Friedrich-Ebert-Allee 4
Museumsmeile Bonn
F: 0228 / 91 71 0
U & B: Heussallee
Ö: Di / Mi 10-21,
Do-So 10-19 Uhr
E: 8 €, erm. 5 €
M: info@kah-bonn.de
I: www.kah-bonn.de

Die Bonner schätzen sich glücklich, dass die Kunst- und Ausstellungshalle der Bundesrepublik Deutschland noch am Rhein gebaut wurde, bevor der große Exodus in die neue Hauptstadt Berlin einsetzte. Über mehr als ein Jahrzehnt hinweg gelang es hier, eine Institution zu bespielen, die für große, repräsentative Ausstellungen einen perfekten Rahmen bietet. Während der Fahrt durch die Köln-Bonner-Bucht bleiben die drei Türme der Ausstellungshalle weithin sichtbar. Durch einen Veranstaltungszyklus, der „Die großen Sammlungen" der Welt von Paris bis Tokio vorstellt und so vom impressionistischen Meisterwerk über die Skulpturen der Azteken und die Lackarbeiten japanischer Maler bis zu den barocken Schätzen der Päpste einen Blick in ferne Sammlungen ermöglicht, entwickelte sich dieses Museum zu einem Tor zur internationalen Kunstwelt. Neben umfangreichen Werkschauen zeitgenössischer Künstler wie Claes Oldenburg, Sigmar Polke und Georg Baselitz gelangen dem Museum immer wieder aufsehenerregende Ausstellungen, die ästhetisch neue Wege eröffneten. Naturkundliche Ausstellungen über das Wetter oder eine Schau zur Gentechnologie gehören ebenso zum Repertoire wie Präsentationen in den Bereichen Architektur, Design und Fotografie. Aufwändige Präsentationen wie „Ägyptens versunkene Schätze" zogen Tausende von Besuchern an. Tief in die Vergangenheit blicken auch Ausstellungen wie „Rom und die Barbaren"; das Interesse für fremde Kulturen wird etwa durch Tempelschätze aus Japan oder Pakistan geweckt.

Der Wiener Architekt Gustav Peichl konzipierte dazu einen Bau mit 5.600 Quadratmetern Ausstellungsfläche, der sich in viele einzelne Segmente unterteilen lässt und als Kommunikations- und Kongresszentrum genutzt werden kann. So holt man Wissenschaftler, Filmemacher, Autoren, Tänzer und Aktionskünstler in das Museum hinter den zum Wahrzeichen gewordenen 16 Stahlsäulen an der Friedrich-Ebert-Allee, welche die Bundesländer symbolisieren. Eine besondere Attraktion stellt die „fünfte" Fassade der Kunst- und Ausstellungshalle dar: Auf dem begrünten Dachgarten finden große Skulpturen-Ausstellungen statt, die Werkschauen von großen Plastikern wie Niki de Saint Phalle und Gordon Craigg gewidmet sind. Von hier hat man einen weiten Blick auf das Rheintal und den Veranstaltungsplatz vor der Kunsthalle, auf dem in den Sommermonaten Rockkonzerte stattfinden.

Eine der großen Adressen der Republik: Die Kunst- und Ausstellungshalle der Bundesrepublik Deutschland in Bonn, hier die große Halle.

Kunstmuseum Bonn

Ein modernes Schatzhaus der deutschen Kunst

Friedrich-Ebert-Allee 2
Museumsmeile Bonn
F: 0228 / 77 62 60
U & B: Heussallee
Ö: Di-So 11-18 Uhr,
Mi 11-21 Uhr
E: 5 €, erm. 2,50 €
M: kunstmuseum@
bonn.de
I: www.kunstmuseum-
bonn.de

Vis-à-vis zur postmodernen Architektur der Kunst- und Ausstellungshalle des Bundes entfaltet Bonns Kunstmuseum seine luftige Grazie. Axel Schultes schuf mit dem 1992 eröffneten Bau ein Museum, das sich einem Edelstein gleich durch seine Linien und Schliffkanten vom Licht umspielen lässt. Schultes komponierte ein reizvolles Ensemble von Räumen, die sich auf oftmals überraschende Weise weiten und verengen und dadurch stets den Dialog zwischen den ausgestellten Kunstwerken und ihrer Wirkungsaura reflektieren. Das ist auch deshalb von Bedeutung, weil man sich in Bonn dem ehrgeizigen Unternehmen verschrieben hat, deutsche Kunst in einer quantitativen Konzentration zu präsentieren, wie sie kein zweites Museum in der Welt zu bieten vermag.

Die expressive Kraft der Werke von Baselitz, Kiefer, Penck und Richter kommt hier auf packende Weise zum Ausdruck. Dass die deutsche Kunst nach 1945 den internationalen Vergleich gesucht hat, um ihre besondere Wirkung entfalten zu können, demonstrieren die Bonner mit Dialogen, die sie etwa zwischen Richard Long und Blinky Palermo oder Jannis Kounellis und Mario Merz herstellen. Ein Rezept, das man auch in der Macke-Abteilung – einem der Glanzstücke der Sammlung – verfolgt, in der Robert Delaunay einen schönen Kontrast zu Mackes delikater Farbpalette bildet.

Joseph Beuys ist ein eigener Schwerpunkt gewidmet, der Hunderte von Multiples umfasst. Diese Sammlung von Auflagenobjekten besteht aus Postkarten, Plakaten und Videos, die in ihrer Streuung die enorme Interessenvielfalt des Rheinländers dokumentiert. Max Ernst, einem anderen Rheinländer von Jahrhundertformat, huldigt die Sammlung Bolliger, zu der Meisterwerke wie etwa Ernsts „Histoire naturelle" aus dem Jahre 1926 zählen. Skulpturen aus den Dreißigerjahren, Druckgrafiken und illustrierte Bücher eröffnen einen Blick auf das Schaffen des in Brühl geborenen Surrealisten bis in sein Spätwerk hinein.

Das Kunstmuseum versteht sich aber nicht nur als Hüter der Schätze vergangener Tage, auch die Gegenwart soll einen entscheidenden Teil innerhalb des Programmangebots bestreiten. Abgesehen von aktuellen Ausstellungen engagiert man sich so etwa für die Förderung der Videokunst. Den Grundstock zu einer internationalen Sammlung von Künstlervideos legte die Galeristin Ingrid Oppenheim. Heute umfasst das beständig wachsende Konvolut 350 Videobänder, darunter frühe Arbeiten von Ulrike Rosenbach, Marcel Odenbach und Bill Viola.

Nirgendwo sieht man Kunst aus Deutschland in einer solchen Konzentration wie im Kunstmuseum Bonn.

Max-Ernst-Museum Brühl

Rückkehr eines Weltbürgers

Comesstraße 42 /
Max- Ernst-Allee 1
Brühl
F: 02232 / 99 21-555
Ö: Di-So 11-18 Uhr, 1.
Do im Monat 11-21 Uhr
E: 5 €, erm. 2-3 €,
Kinder bis 6 Jahre frei
M: info@kulturinfo-
rheinland.de
I: www.max-ernst-
museum.de,info@
kulturinfo-rheinland.de

Knapp 30 Jahre nach seinem Tod ist Max Ernst in seine Heimatstadt Brühl zurückgekehrt – in ein Museum, das bei der Eröffnung im Jahr 2005 als „Meilenstein" in der internationalen Museumslandschaft gefeiert wurde. Strahlend weiß erhebt sich das klassizistische Gebäude in einem Ausläufer des Brühler Schlossparks. Der dreiflügelige Bau, dessen Architektur sich an das benachbarte Schloss Augustusburg anlehnt, entstand Mitte des 19. Jahrhunderts und diente einst als Ausflugslokal. Der Kölner Architekt Thomas van den Valentyn, der mit dem Umbau beauftragt wurde, ließ den Altbau unangetastet, schob in die Mitte einen Eingangskorridor aus Glas und Stahl und schuf unterirdisch einen Wechselausstellungsraum und einen Veranstaltungssaal.

Jetzt präsentiert sich das Haus als lichtdurchfluteter Kunsttempel, in dem die unterschiedlichen Werkgruppen des Surrealisten, der seiner Heimatstadt schon früh den Rücken gekehrt hatte, zu schöner Wirkung gelangen.

Herzstück ist der historische Tanzsaal, in dem Schlüsselwerke wie die Großskulptur „Capricorn" und weitere exemplarische Arbeiten aus verschiedenen Schaffensperioden versammelt sind. Intime Kabinette erschließen im Obergeschoss facettenreich das Werk von Max Ernst, das der Besucher in einem pulsierenden Rhythmus aus Skulpturen, Grafik und Gemälden erleben kann. Ausschlaggebend für die Idee der Museumsgründung war der Ankauf einer umfangreichen Grafiksammlung durch die Kreissparkasse Köln. Wenig später konnte das Institut von Max Ernsts Witwe Dorothea Tanning 60 Skulpturen erwerben, darunter auch die Gussrechte für das „Lehrerkollegium einer Schule für Totschläger", das nun das Begrüßungskomitee auf dem Eingangsplateau bildet. Max Ernsts „privates Haustheater" ist der Grundstock des Museums, das eine weitere spektakuläre Bereicherung durch die „D-Paintings" erfuhr, die der Künstler seiner Frau alljährlich zum Geburtstag verehrte. Diese Liebesgaben gehören zu den besonderen Schätzen, denn das Kompendium bietet einen imposanten Querschnitt durch die unterschiedlichen Techniken des berühmtesten Sohnes der Schlossstadt.

Die Stadt Brühl hat eine umfangreiche fotografische Sammlung und eine Reihe von Frühwerken beigesteuert. Ergänzt wird der Bestand außerdem durch halbjährlich wechselnde Leihgaben, die das Museum lebendig halten. Viele stammen aus privaten Sammlungen und waren teilweise noch nie öffentlich zu sehen.

Im Wechselausstellungsraum inszeniert Museumsdirektor Achim Sommer unter dem Titel „In Augenhöhe" eine Ausstellungsreihe, die einerseits einen offenen Dialog mit Zeitgenossen von Max Ernst ermöglicht, andererseits das Spannungsfeld zwischen künstlerischen Positionen, Themen und Techniken bis in die Gegenwart hinein beleuchten will. Paul Klee machte den Anfang; ihm folgten Jean Tinguely und der Leipziger Malerstar Neo Rauch.

An der Rechtschule
Köln-Innenstadt
F: 0221 / 221- 267 35
U: Dom, Hauptbahnhof
Ö: Di-So 11-17 Uhr
E: 4,20-6 €, erm. 2,60-
3,50 €
M: mfak@stadt-koeln.de
I: www.museenkoeln.de

Museum für Angewandte Kunst

Wohnkultur vom Mittelalter bis zur Postmoderne

Das Museum für Angewandte Kunst ist das zweitälteste Museum Kölns und so etwas wie die Mutter einer Reihe anderer Sammlungen. So speiste der Fundus des 1888 als Kunstgewerbemuseum gegründeten Hauses auch Teile des Schnütgen-Museums, des Ostasiatischen Museums und des Stadtmuseums. Über 110.000 Objekte umfasst die Sammlung, deren Schwerpunkte Textilkunst, Gobelins und ein Grundstock von 75.000 Grafiken ausmachen. Nach dem Krieg benötigte Köln fünfzig Jahre, bis wieder eine Heimat für die Sammlung gefunden war. Erst nachdem das Wallraf-Richartz-Museum und das Museum Ludwig den von Rudolf Schwarz und Josef Bernard entworfenen Bau, der in seiner architektonischen Klarheit wundervoll mit der angrenzenden Minoritenkirche aus dem 13. Jahrhun-

Elegant wie die Schwünge der Treppe ist vieles im Kölner Museum für Angewandte Kunst, das sich der Wohnkultur verschrieben hat.

Landschaftsverband
Rheinland
Dezernat für Kultur und
Umwelt
Ottoplatz 2
50679 Köln
www.kultur.lvr.de

Besucherinformation:
kulturinfoRheinland
Tel: 0 18 05 / 74 34 65
(0,14 €/Min.)
Fax: 0 22 34 / 99 21
300
E-Mail: info@kulturinfo-rheinland.de

Fassade des Rheinischen
LandesMuseums in Bonn

Rheinlandweit –
Die Museen des LVR

Rheinisches Kulturerbe zu bewahren, zu dokumentieren und zu vermitteln – das ist eine der wichtigsten Aufgaben des Landschaftsverbandes Rheinland (LVR), dem Regionalverband der rheinischen Städte und Kreise mit Sitz in Köln. Die sechs Museen des LVR präsentieren Geschichte, Kunst und Kultur des Rheinlandes.

Größtes und traditionsreichstes Museum des LVR ist das Rheinische LandesMuseum Bonn. 1874 als „Provincialmuseum" gegründet, bieten heute neun verschiedene Themenräume wie „Von den Göttern zu Gott", „Epochen" oder „Vom Überleben zum schöner leben" tiefe Einblicke in die Kulturgeschichte der Region zwischen Aachen und Essen, Kleve und Bonn. Highlight der Sammlung sind die 1877 für 1.000 Goldmark ersteigerten originalen Gebeine des 21 Jahre zuvor bei Düsseldorf gefundenen „Neandertalers".

Etwas abseits der großen Rheinstädte bieten die beiden Freilichtmuseen des LVR Entspannung und Erholung: Als Landesmuseum für Volkskunde überrascht das Rheinische Freilichtmuseum Kommern mit der Kleinstadt Rhenania: In liebevoll eingerichteten Kulissen vermitteln Figurinen in historischen Kostümen die Geschichte des Rheinlandes von der „Franzosenzeit" bis in die 1950er Jahre. Für die Figuren standen zahlreiche prominente Rheinländerinnen und Rheinländer wie der Kabarettist Jürgen Becker Modell.

Hafentempel im
Archäologischen Park
Xanten

Das erste ökologische Freilichtmuseum in Deutschland liegt in Lindlar, etwa 30 km östlich von Köln. Auf 25 Hektar wird das Gelände nach historischem Vorbild bewirtschaftet. Neben alten Tierrassen und Feldfrüchten sind traditionelle Bewirtschaftungsmethoden mit Pflug und Pferd zu sehen, Handwerker oder Hauswirtschafterin präsentieren alte Arbeitstechniken. Ein Naturspielplatz bietet Duftgarten, Vogelnestschaukel oder ein Kletterhaus mit Dschungelbrücke.

Verteilt im Rheinland, in Oberhausen, Ratingen, Solingen, Bergisch Gladbach, Engelskirchen und Euskirchen befinden sich die sechs Schauplätze des Rheinischen Industriemuseums (RIM) des LVR. Das RIM macht als dezentrales Museum die Industrie- und Sozialgeschichte des Rheinlandes in ehemaligen Fabriken, am „authentischen Ort", anschaulich. So z. B. am Schauplatz Euskirchen: In der von ihrem Besitzer Ludwig Müller 1961 geschlossenen Tuchfabrik scheint die Zeit stehen geblieben zu sein. Nichts wurde seit ihrer Stilllegung verändert, Gebäude und Maschinen, Werkzeuge und Einrichtung sind behutsam saniert. Vorführerinnen und Vorführer erwecken die Fabrik zu neuem Leben, die alten Maschinen laufen und produzieren wieder. Museumsgäste erleben heute live, wie aus loser

Jürgen Becker als
Kölner Stadtsoldat im
Rheinischen Freilicht-
museum Kommern

Landwirtschaft im Bergischen Freilichtmuseum Lindlar

Wolle Tuch gefertigt und auf ratternden Webstühlen der Stoff gewebt wird.

Weit, aber lohnenswert ist der Weg an den Niederrhein, nach Xanten: Die nach Köln und Trier drittgrößte römische Stadt nördlich der Alpen wurde nach dem Abzug der Römer nicht mit neuen Häusern überbaut. Heute ist der „Archäologische Park Xanten" faszinierender Anziehungspunkt für mehr als 350.000 Besucherinnen und Besucher jährlich. Im APX stehen Gebäude, die teilweise oder vollständig im Maßstab 1:1 rekonstruiert wurden. So wurde eine römische Herberge vollständig nachgebaut, die Herbergsthermen werden wie in römischer Zeit beheizt. Ab August 2008 schlägt das neue RömerMuseum im Archäologischen Park den Bogen von der römischen Eroberung bis zum Beginn des Mittelalters und des heutigen Xanten.

Jüngstes Kind unter den Museen des LVR ist das Max Ernst Museum in Brühl: Seit dem 1.7.2007 in LVR-Trägerschaft, widmet sich das Museum als weltweit erstes und einziges Museum dem in Brühl geborenen Jahrhundertkünstler Max Ernst. Zu den Beständen des Museums gehören umfangreiche Dauerleihgaben der Kreissparkasse Köln: Über 70 Plastiken stammen aus der persönlichen Sammlung des Künstlers. Neben Bildern aus der Frühzeit verfügt das Museum über die Sammlung Schneppenheim mit nahezu dem gesamten graphischen Werk. Ein weiterer Höhepunkt sind die 36 „D-paintings", Geburtstags- und Liebesgeschenke von Max Ernst an seine Frau, die Künstlerin Dorothea Tanning.

Max Ernst Museum in Brühl

Im Industriemuseum

dert korrespondiert, in Richtung Dom verlassen hatten, war der Weg frei für eine neue Präsentation der Sammlung.

Der Kölner Mäzen Ferdinand Franz Wallraf selbst hatte mit dem Nachlass seiner Kunstsammlung die Gründung des Museums ermöglicht. Das 19. Jahrhundert ist von daher mit Schmuckgarnituren und Möbeln gut in der Sammlung vertreten. Aber es gibt auch Möbel, Bildteppiche und Zeugnisse der Tisch- und Tafelkultur von der Gotik bis in die Gegenwart zu bewundern. Der Entwicklung der Keramikkunst und der Mode sind großzügige Räume vorbehalten. Wer über die große Treppe ins Hauptgeschoss geht, kann im Uhrzeigersinn die Chronologie der Epochen durchwandern. Mit Sinn für dezente dramaturgische Effekte werden einzelne Objekte ins Licht gerückt. In der Renaissance-Abteilung fällt etwa der Unterschied zwischen der anmutigen Leichtigkeit venezianischer Gläser und den schwergewichtigen deutschen Gefäßen auf. Elegant wirken dagegen die Holzarbeiten, in denen der hohe Standard des deutschen Drechslerhandwerks offensichtlich wird.

Detailgenau lässt sich die Entwicklung des Designs vom Jugendstil zum Bauhaus bis hin zu den kapriziösen Entwürfen der Postmoderne nachvollziehen. Der Jugendstilraum ist einer der Publikumsmagneten mit Gläsern von Gallé und Möbeln von van de Velde. Die Moderne darf sich in all ihrer schlichten Pracht präsentieren, etwa in einem Riemerschmid-Zimmer aus dem Jahre 1928, einem Aalto-Ensemble aus den Dreißigern, den Bauhaus-Möbeln von Marcel Breuer und Mies van der Rohe, und selbst den Mailänder Designern der „Memphis"-Gruppe ist eine umfangreiche Schau gewidmet. Die Design-Abteilung wird im Oktober nach langer Umbauphase wieder eröffnet. Ziel von „Design und Kunst im Dialog" ist eine ganzheitliche Sichtweise, in der die gesellschaftliche und künstlerische Dimension des Phänomens „Design" ebenso beleuchtet wird wie seine industrielle und technische Bedeutung. Daneben gibt es stets aktuelle Ausstellungen; besonders beliebt sind Präsentationen zum Thema Mode. Wenn das Museumscafé bei schönem Wetter seine Tische im lauschigen Innenhof aufstellt, lässt sich hier wunderbar pausieren.

Museum für Ostasiatische Kunst

Ein Traum von einem Museum

Obwohl es an zwei der wichtigsten Verkehrsadern Kölns liegt, bietet sich das Museum für Ostasiatische Kunst seinen Besuchern als Oase der Ruhe dar. Der japanische Architekt Kunio Maekawa, ein Schüler Le Corbusiers, hat geniale Arbeit geleistet, als er der Stadt 1977 eines ihrer wichtigsten Baudenkmäler der klassischen Moderne an den Aachener Weiher setzte. Seine

Universitätsstraße 100
Köln-Innenstadt
F: 0221 / 221- 286 08
U: Universitätsstraße
Ö: Di-So 11-17 Uhr, Do 11-20 Uhr
E: 4,20 €, erm. 2,60 €
M: mok@museenkoeln.de
I: www.museenkoeln.de

schnörkellosen, klar gegliederten Kuben, die anmutig zu einem Gesamtbild geformt sind, stellen einen höchst ungewöhnlichen Museumsbau dar. Immer wieder ergeben sich überraschende Blicke auf Schilf und Wasserfläche des Weihers, die den Besucher mühelos in jene kontemplative Stimmung versetzen, in der sich die einzigartige Sammlung Ostasiatischer Kunst bewundern lässt.

Obwohl sich Maekawas Bau mit seiner braunroten Kachelfassade modern gibt, ist die Museumssammlung in seinem Inneren die älteste ihrer Art in Europa. Adolf Fischer, Sohn einer Industriellenfamilie aus Wien, lebte als Theaterdirektor und Ethnologe in Berlin. 1904 reiste er als Mitglied der kaiserlichen Gesandtschaft nach Peking. Da Fischer über einen weit gespannten intellektuellen Horizont verfügte, der den Eurozentrismus seiner Zeitgenossen hinter sich ließ, war ihm klar, dass die Kunst Chinas, Koreas und Japans einen eigenen Wert darstellte. Damals gliederte man die Kunst Ostasiens in Museen für Völkerkunde und Kunstgewerbe ein. Fischer forderte ein eigenes Museum, das sich in Berlin jedoch nicht realisieren ließ. Im damaligen Kölner Oberbürgermeister Wallraf fand er einen Gleichgesinnten, so dass am 25. Oktober 1913 am Hansaring Einweihung gefeiert wurde. Das Museum fiel während der Bombennächte des Zweiten Weltkriegs der Zerstörung anheim.

Die Bestände konnten jedoch gerettet werden. Zu ihnen zählt die in der Welt einzigartige Sammlung von Sakralbronzen aus dem 16. bis 11. Jahrhundert vor Christus. Sie gibt eine Vor-

Fernöstliche Ausblicke: Das Kölner Museum für Ostasiatische Kunst ist besonders für seinen japanischen Garten berühmt.

stellung vom Niveau der ersten Hochkulturen Chinas. Höhepunkte der Sammlung finden sich zudem im Bereich der Keramik und Malerei Japans vom 9. bis in das 18. Jahrhundert hinein. Fischer und seine Frau legten während ihrer Reisen den Grundstock für die Kollektion buddhistischer Malerei, der Holzskulpturen und der japanischen Stellschirmmalerei. Die Farbholzschnitte und die japanischen Lackkunstwerke gehören zu den bedeutendsten in Europa.

Berühmt sind aber auch die chinesischen Keramiken und die koreanischen Seladone der Koryo-Dynastie. Ostasiatische Kunst kann hier in ihrer Meisterschaft, wie sie die Malerei der chinesischen Ming- und Qing-Dynastien (1368 bis 1911) oder die Farbholzschnitte Japans darstellen, nicht nur betrachtet, sondern auch erlebt werden.

Während man durch die mit Sisal ausgelegten Räume schlendert, fällt der Blick durch die Fensterfronten auf die Bepflanzung des Außenbereichs oder den Garten des japanischen Bildhauers Masayuki Nagare. Nagare hat einen verglasten Landschaftsgarten angelegt, der uns lehrt, Landschaft wie ein dramatisches Kunstwerk zu betrachten. Löst man sich aus dem Bann von Nagares Garten, kann man von der Terrasse des Museums auf die Holzbrücke des Weihers schauen und ein bisschen die Seele baumeln lassen. Die Grünflächen sind mit dem Inneren und Äußeren Grüngürtel durch einen baumbestandenen Kanal verbunden, der zu langen Spaziergängen einlädt.

Museum Ludwig

Weltbeste Sammlung amerikanischer Pop-Art

Bischofsgartenstraße 1
Köln-Innenstadt
F: 0221 / 22 12 61 65
U: Dom, Hauptbahnhof
Ö: Di-So 10-18 Uhr,
jeden 1. Freitag im
Monat 10-22 Uhr
E: 9 €, erm. 6 €
M: info@museum-
ludwig.de
I: www.museenkoeln.de

Wer sich für die Kunst des 20. und des 21. Jahrhunderts interessiert, der wird sich im Museum Ludwig zu Hause fühlen. Dieses Schatzhaus der Moderne bietet seinen Besuchern einen lückenlosen Spaziergang durch die verschiedenen Kunstrichtungen diesseits und jenseits des Atlantiks. Mit der vielleicht weltbesten Sammlung amerikanischer Pop-Art hat sich das Museum zum Publikumsmagneten entwickelt, aber es bietet noch viel mehr. Neben dem Münchner Lenbachhaus zählt die im Museum Ludwig untergebrachte Josef-Haubrich-Sammlung zu den interessantesten Werkkomplexen des deutschen Expressionismus. Der Rechtsanwalt hatte Werke von Kirchner, Heckel, Kokoschka, Macke und Schmidt-Rottluff während des Krieges vor dem Zugriff der Nazis bewahren können.

Die Qualität privater Sammlungen hängt, abgesehen von den Finanzen, entscheidend vom Geschmack der Sammler ab. Peter und Irene Ludwig statteten ihre Sammlung nicht alleine mit vielen umsichtigen Käufen aus, sondern sie erwarben zumeist auch die wichtigen Arbeiten renommierter Künstler. Nicht nur bei der Pop-Art gelang ihnen dieses Kunststück

MAX ERNST MUSEUM
BRÜHL

Ein Museum des LVR

Max-Ernst-Allee 1
50321 Brühl
Tel.: + 49 (0) 22 32 / 57 93 116
www.maxernstmuseum.lvr.de

Öffnungszeiten
Di – So: 11 – 18 Uhr
1. Do im Monat: 11 – 21 Uhr
Mo geschlossen

geschlossen
1.1., Weiberfastnacht, Karnevalssonntag,
Rosenmontag, Karfreitag, Ostermontag,
1.5., Pfingstmontag, 24., 25., 31.12.

gefördert durch:

Kreissparkasse
Köln

Stadt Brühl
Der Bürgermeister

LANDSCHAFTS
VERBAND
RHEINLAND
LVR
Qualität für Menschen

mit Werkkomplexen von Warhol, Johns, Rauschenberg, Lichtenstein, Segal und Rosenquist. In einzigartiger Breite sind auch Arbeiten der russischen Avantgarde mit Malewitsch, Rodtschenko und El Lissitzky vorhanden. Ob Kubismus, Futurismus oder Surrealismus, im Museum Ludwig lässt sich die Entwicklung der Modernen Kunst auf höchstem Niveau verfolgen. Das Bauhaus ist mit Klee, Schlemmer und Feininger vertreten, die Skulpturenabteilung enthält Moore, Arp, Maillol und mit dem abstrakten Expressionisten Pollock und den Colour-Field-Paintings von Rothko finden sich Beispiele der großen Umwälzungen nach dem Krieg. Newman und Stella sind mit herausragenden Werken zu bewundern. Europa wurde derweil mit Spitzenwerken von Dubuffet, Wols und Hartung nicht vergessen.

Zum Politikum wurde die Leidenschaft des Ehepaars Ludwig, als die beiden ihre einzigartige Picasso-Sammlung der Öffentlichkeit zugänglich machen wollten. 150 Gemälde, Gouachen und Skulpturen sowie 680 grafische Blätter brachten die Ludwigs in den neuen Museumskomplex am Dom ein, der 1986 als gemeinsames Haus für ihre Sammlung und die des Wallraf-Richartz-Museums geplant worden war. An die Schenkungen und Dauerleihgaben, die das Ehepaar

Exponate im Museum Ludwig: Tobias Rehbergers Installation „the chicken-and-egg-no-problem wall painting".

den Kölnern offerierte, verband man jedoch die Forderung, das Haus alleine bespielen zu dürfen. Während das Wallraf-Richartz-Museum in das neue, von Oswald Mathias Ungers entworfene Domizil am Gürzenich zog, residiert die Moderne Kunst nun zu Füßen des Doms. Einziger Gast ist das Agfa-Foto-Historama, eine ständig wachsende Sammlung historischer Kameras, die Aufschluss über die Entwicklung der Fototechnik seit 1840 gibt.

Das Architektenduo Peter Busmann und Godfrid Haberer verlieh durch die zinkblechverkleideten Sheddächer in Kombination mit rotem Backstein dem Stadtpanorama einen neuen, eigenwilligen Akzent. Während das Museum von außen mit seinen an die Industriearchitektur erinnernden Dächern den plebejischen Aspekt der Kölner Stadtgeschichte betont, stellt es sich in seinem Inneren als eine raffiniert entworfene Heimstatt für Moderne Kunst dar. Überall ist Bewegung spürbar. Zudem eröffnen sich überraschende Perspektiven auf den gotischen Steinwald des Ostchors – das Prunkstück – des Doms. Die Kunst des 20. Jahrhunderts thematisiert das Bewegungselement in unzähligen Varianten – hier erlebt man es konkret, beim Blick auf den vorbeiströmenden Rhein oder die Züge des nahen Hauptbahnhofes, dessen neue Eisendächer ebenfalls von Busmann und Haberer entworfen wurden. Als schlichtweg genial ist die Idee zu bezeichnen, in den Museumskomplex eine Philharmonie zu integrieren.

Cäcilienstraße 29
Köln-Innenstadt
F: 0221 / 22 12 36 20
U & B & T: Neumarkt
Ö: Di-Fr 10-17 Uhr,
Sa / So 11-17 Uhr
E: 3,20 €, erm. 1,90 €
M: schnuetgen@
museenkoeln.de
I: www.museenkoeln.de

Museum Schnütgen

Die faszinierende Welt der Romanik

Als das Schnütgen-Museum nach den Heimsuchungen des Zweiten Weltkrieges 1956 sein heutiges Domizil, die Damenstiftskirche St. Cäcilien aus dem 12. Jahrhundert, bezog, erklärte der amtierende Bundespräsident Theodor Heuss dieses Museum schlichtweg zum schönsten Museum in Deutschland. Tatsächlich präsentiert sich das Museum Schnütgen in seiner konzentrierten romanischen Schmucklosigkeit als eine Art „Musée imaginaire" der mittelalterlichen Kunst. Selten bietet sich in Deutschland die Gelegenheit, die christliche Ideenwelt und ihre komplexe Formensprache in einem derartig geschlossenen Ambiente zu erleben.

Die harmonische Raumgestaltung der Romanik lässt sich nach der stilvollen Umgestaltung der Pfeilerbasilika zu einem Museum konkret nachvollziehen. Dazu muss man sein Augenmerk nur auf den reichen Skulpturenschatz der Sammlung richten. Erst wenn man die Möglichkeit hat, eine Madonnengestalt aus dem 13. Jahrhundert einmal von allen Seiten zu betrachten, und man den Raum ihrer sakralen Aura abgeschritten hat, bekommt man ein Gefühl für die Intensität, die vom sprechenden Gestus mittelalterlicher Kirchenkunst ausgeht. Eindrucksvoll

stellt sich der skulpturale Aspekt in Kunstschätzen wie dem
Kruzifix aus St. Gereon aus dem 11. Jahrhundert dar. Die Glas-
arbeiten sind ebenfalls einzigartig – so fällt das Licht der West-
seite durch Fenster aus dem ehemaligen, zerstörten Kreuzgang
des Klosters Altenberg und aus St. Apern, die aus dem frühen
16. Jahrhundert stammen. Bemerkenswert sind auch die Gold-
schmiedearbeiten, und wenn man durch den Chor in die Sak-
ristei geht, findet man einzigartige geistliche Gewänder.
Dem Domkapitular Alexander Schnütgen fällt das Verdienst
zu, viele dieser Schätze vor der Zerstörung bewahrt zu haben.
Noch unter dem Schock der napoleonischen Besetzung begann
er mit dem Aufbau der Sammlung. Schon 1794 besetzten französische Revolutionstruppen die Domstadt, und innerhalb kür-
zester Zeit rollte eine Walze blinder Zerstörungswut über Köln

hinweg, von der die vielen abgeschlagenen Köpfe der Skulpturen des Museums erzählen. Die Parlerbüste von 1390 gehört zu den verschonten Werken und gibt ein Beispiel für den „weichen" Stil der Gotik. Sie ist heute ein Wahrzeichen des Museums. Nach der Eröffnung des Kunstzentrums am Neumarkt sollen auch die umfangreichen Bestände an Textilkunst, Glasmalerei und Steinskulptur angemessen präsentiert werden.

Nach einem Besuch in St. Cäcilien sollte man sich einen Blick in St. Peter gönnen. Nicht allein wegen Peter Paul Rubens' berühmter „Kreuzigung Petri" ist die Basilika aus dem Jahre 1515 einen Abstecher wert. Pater Friedhelm Mennekes hat hier schon Werke von Francis Bacon und Antoni Tàpies ausgestellt. Welch unerhört intensive Wirkung moderne Kunst im Kirchenraum zu entwickeln vermag, kann man hier erleben.

Wegen Umbau bis Sommer 2009 geschlossen
M: rjm@rjm.museenkoeln.de
I: www.museenkoeln.de

Rautenstrauch-Joest-Museum für Völkerkunde der Stadt Köln

Begegnungen mit dem Fremden im Vertrauten

1901 war von den Familien Rautenstrauch und Joest der Grundstein zu einer stattlichen Sammlung gelegt worden, die ihren Platz in einem 1906 eigens zu Museumszwecken gebauten Haus am Ubierring fand. Schwerpunkte liegen im Bereich der nordamerikanischen Indianer und der Inuit, der Kunst aus Thailand, Kambodscha, Indien und Tibet. Aber auch Gold- und Silberarbeiten aus Indonesien und Alt-Peru sind in der ständigen Ausstellung präsent. Der imposante Bestand des Museums blieb völkerkundlichen Sammlern nicht verborgen, die ihre Schätze hier aufgehoben wissen wollten. So floss dem Museum die bedeutende Khmer-Kunst aus der Sammlung von Hans W. Siegel zu und Ellen Doetsch-Amberger schenkte dem Museum zwei umfangreiche Konvolute mit altägyptischer und afrikanischer Kunst. Und nicht nur Kinder zeigen sich fasziniert von der 1990 von Barbara Schu gestifteten Spielzeugsammlung, die 5.000 Exponate umfasst.

Dieser einzigartige kulturhistorische Schatz wird nun endlich ein neues, modernes Domizil in der Stadtmitte bekommen. Das Haus am Ubierring ist geschlossen, weil man dort bereits mit den Umzugsvorbereitungen befasst ist. Im Sommer 2009 soll der Neubau eröffnet werden, der viermal mehr Platz bietet. Hier geht man mit einem neuen Ausstellungskonzept an den Start. In großen Räumen wird es statt einer Dauerausstellung kulturvergleichende Schauen geben. Viele der zukünftigen Themen unter der Überschrift „Der Mensch und seine Welten" stehen schon fest: Klischee und Vorurteil, Wohnformen und Religion. Zum Wahrzeichen soll ein sieben Meter hoher Reisspeicher aus Indonesien werden, für den ein Platz im Foyer reserviert ist.

Roncalliplatz 4
Köln-Innenstadt
F: 0221 / 22 12 44 38
S & U: Hauptbahnhof
Ö: Di-So 10-17 Uhr
E: 5 €, erm. 3 €
M: roemisch-
germanisches-
museum@stadt-koeln.de
I: www.museenkoeln.de

Römisch-Germanisches Museum

Ein Blick auf Kölns Wurzeln

Sobald in Köln gebaut wird, tauchen oft unvermutet Zeugnisse vergangener Epochen auf. Immer wieder findet man dann handfeste Relikte des Alltags aus 2.000 Jahren Stadtgeschichte, die im Untergrund überdauert haben. Vieles davon kann man im Römisch-Germanischen Museum an der Südseite des Domes sehen. Es ist mit den Jahren zu einem Herzstück Kölner Identität geworden – weil es ein ganz besonderes Lokalmuseum ist. Alles, was hier gezeigt wird, stammt nicht von Ausgrabungen in fernen Ländern, sondern aus Köln. In der Sammlung finden sich Exponate von der Altsteinzeit bis in die Epoche Karls des Großen. Kölns römische Vergangenheit steht im Zentrum des 1974 eröffneten Museums. Die Besucher befinden sich unmittelbar auf römischem Boden, denn das Haus wurde über dem während des Krieges beim Bau eines Luftschutzbunkers zufällig entdeckten Dionysos-Mosaikes einer römischen Stadtvilla aus dem 3. Jahrhundert errichtet. Das 70 qm große Kunstwerk besteht aus mehr als einer Million tönerner und gläserner Setzsteinchen und entstammt einer rheinischen Werkstatt. Es war das Prunkstück des herrschaftlichen Hauses.

Noch älter ist jedoch der zweite sensationelle Fund, der 1970 bei Ausschachtungsarbeiten im Severinsviertel gemacht wurde. Das 15 Meter hohe Grab des Poblicius entstand 40 n. Chr. und ist das älteste römische Pfeilergrab nördlich der Alpen. Das in seiner Monumentalität schlicht gestaltete Grabmal kann man von drei Museumsetagen aus betrachten, wie überhaupt die Präsentation der Exponate in diesem Bau sehr gelungen ist. Die Sammlungen sind nicht chronologisch, sondern in Sachgruppen aufgeteilt. Anhand von Themen wie dem Totenkult, der Stadtentwicklung und dem Alltagsleben wird man in die Lebenswirklichkeit der römischen Epoche geführt. Die Funde werden auf Sockelinseln dargeboten, so dass man die Exponate von allen Seiten bewundern kann. Die antiken Gewohnheiten des Essens und Wohnens lassen sich so leicht rekonstruieren. Besonders für Kinder bietet diese Präsentation ausgezeichnete didaktische Möglichkeiten. Römisches Leben kann hautnah beobachtet werden, das demonstrieren auch die Fundstücke außerhalb des Museums, wie die Bepflasterung einer Straße oder die Reste einer Wasserleitung aus römischer Zeit.

Besonders stolz ist das Museum auf seine Glassammlung, die größte ihrer Art in Europa. Hier handelt es sich um Wunderwerke der Handwerkskunst des Altertums, in deren dünnwandige Gläser oft Farbfäden eingezogen wurden. Kostbarster Schatz ist das Diatretglas, in das die beziehungsreiche griechische Inschrift eingelassen ist: „Trinke, lebe schön, immerdar".

Alles Antike in Kölns Römisch-Germanischem Museum ist heimischen Ursprungs und nicht von fernen Grabungsstätten importiert.

Eine Außenstelle des Römisch-Germanischen Museums ist das **Praetorium**. Die Residenz der römischen Statthalter war das größte und bedeutendste Bauwerk am Rhein. Ein Gang durch die unterirdisch bewahrten Fundamente hinterlässt einen Eindruck von Macht und Größe kaiserlicher Architektur. In der Ausstellungshalle sind Denkmäler römischer Architektur und Schriftkultur aus Köln zu sehen.

Schloss Augustusburg

Ein Juwel barocker Bau- und Lebenskunst

Schloss Augustusburg gehört zum Weltkulturerbe. Frankreich ist nahe, das zeigt die beeindruckende Ornamentik des verspielten französischen Gartens.

Schloss Brühl
Schlossstraße 6
Brühl
F: 02232 / 440 00
S: Bahnhof Brühl
Ö: Di-Fr 9-12 und 13.30-16, Sa / So 10-17 Uhr
E: 5 €, erm. 3,50-4,50 €
M: mail@schloss bruehl.de
I: www.schlossbruehl.de

Die frühe Neuzeit gehört nicht gerade zu jenen Epochen, in denen Köln auf der europäischen Bühne besondere Bedeutung genoss. Die Stadt befand sich vielmehr in einer Art Dornröschenschlaf, aus dem sie erst 1794 von den französischen Besatzern unsanft geweckt wurde. Doch wenige Kilometer vor der Stadt legte der Wittelsbacher Clemens August 1725 den Grundstein zu Schloss Augustusburg, einem Juwel des späten Barock, dessen Anlage 1984 von der UNESCO in die Liste der

Weltkulturdenkmäler aufgenommen wurde. Ein Besuch in Brühls Schloss Augustusburg kommt denn auch stets einem kleinen Fest gleich. Von der Ostseite nähert man sich dem Schloss und hat den weiten, leicht ansteigenden Vorplatz zu überqueren, der die Besucher schon auf jenes prachtvolle Ereignis einstimmt, das im Inneren, aber auch in den Gärten des Schlosses auf sie wartet.

Konrad Schlaun, ein Westfale, hatte das Konzept für die Residenz von Clemens August, dem damaligen Kurfürsten und Erzbischof von Köln, entworfen. Francois Cuvilliés veränderte es, um eine zusätzliche Prachtentfaltung des ehrgeizigen Wittelsbachers zu ermöglichen. So vermochte er einige der Starkünstler der europäischen Hofszene nach Brühl zu locken. Darunter Balthasar Neumann für das Treppenhaus, das mit seinen Marmor- und Stuckarbeiten ein kleines architektonisches Wunder darstellt und heutzutage während der Sommermonate als Konzertsaal genutzt wird. Die barocke Fülle der Ornamente überwältigt jeden Besucher unweigerlich. Carlo Carlone lieferte die Deckenbemalungen, die mit Raffinement den Kult absolutistischer Machtentfaltung zu zelebrieren verstehen. Obwohl die französischen Revolutionstruppen das Mobiliar fast völlig zerstörten, präsentiert sich das Schloss in seinem Inneren perfekt restauriert. Es ist Eigentum des Landes Nordrhein-Westfalen und diente in der Vergangenheit oftmals als Kulisse für internationale Staatsbesuche.

Dass es hier nur einen Herrscher gab, der Mensch und Natur die Zügel anlegte, demonstriert der französische Garten. Nach Süden hin erstreckt sich der Garten über einen Achsenweg, den Spiegelweiher und etliche Alleen in den nahen Wald hinein. Angrenzende Rosengärten und Wassergräben bieten für Spaziergänger reichlich Abwechslung und manchen idyllisch arrangierten Platz zum Verweilen. Zu einem Besuch der Schlosskirche lädt Balthasar Neumanns Hochaltar ein, in den ein drehbarer Spiegel eingelassen ist, den der Kurfürst gerne dazu benutzte, um (durch leichte Drehung) heimlich seine Untertanen vor dem Altar zu beobachten. Interessant ist aber auch ein etwa halbstündiger Spaziergang ins gegenüberliegende Falkenlust. Hier errichtete Clemens August, der als leidenschaftlicher Anhänger der Falkenjagd gigantische Summen in sein Hobby investierte, ein delikates Jagdschloss, das sowohl für Geheimverhandlungen als auch zum amourösen Zeitvertreib genutzt wurde. Cuvilliés und Leveily richteten dem Kurfürsten ein elegantes Lackkabinett, ein Spiegelkabinett und ein wundervoll gekacheltes Treppenhaus ein, das – wie es sich für einen Wittelsbacher gehört – in makellosem Blau und Weiß erstrahlt.

Stiftung Arp Museum/ Bahnhof Rolandseck

Hans-Arp-Allee 1
53421 Remagen
F: 02228 / 94 25-12
DB: Remagen
Ö: Di-So 11-18 Uhr
E: 8 €, erm. 5 €,
Bahnhof Rolandseck
4 €, erm. 2 €
M: info@arpmuseum.org
I: www.arpmuseum.org

Museum mit Gleisanschluss

Der 1856 vollendete Bahnhof Rolandseck bei Remagen ist ein klassizistisches Juwel, das als Museum und Kulturtreffpunkt zu neuen Ehren gekommen ist. Nach dem Zweiten Weltkrieg wurde er nicht mehr bewirtschaftet und war dem Verfall preisgegeben. Kurz vor dem Abriss im Jahr 1964 entdeckte Johannes Wasmuth, der 1997 verstorbene Spiritus Rector des Bahnhofs, das Gebäude, was er bald darauf als Kunstzentrum etablierte. Prominente Musiker, bildende Künstler und Schriftsteller konnte der charismatische Impresario für Auftritte gewinnen. Als die Privatinitiative in finanzielle Bedrängnis geriet, gründete das Land Rheinland-Pfalz 1973 die „Stiftung Bahnhof Rolandseck", welche das Gebäude erwarb und die laufenden Kosten übernahm. Wasmuth hat der Stiftung seine private Kunstsammlung hinterlassen, die etwa 300 Exponate umfasst. Mit dem Sammeln hatte er schon als junger Mann begonnen, als er in Düsseldorfer Akademiekreisen verkehrte; später eröffnete er in Bad Godesberg eine Galerie. Wasmuth pflegte viele Künstlerfreundschaften; seine Sammlung bekam mit den Jahren einen musealen Anspruch und wird unter wechselnden Aspekten gezeigt. Im Jahr 2001 wurde der Bahnhof restauriert, der heute als bedeutendstes Denkmal des frühen deutschen Eisenbahnbaus gilt. Die umlaufenden, gusseisernen Aussichtsplattformen sind markante Zeugnisse des rheinischen Eisenkunstgusses. Von dort aus kann man einen herrlichen Blick auf den Rhein genießen.

Mit dem oberhalb des historischen Bahnhofs gelegenen **Arp-Museum**, das Star-Architekt Richard Meier entworfen hat, gibt es nun eine weitere Attraktion. 33 Millionen Euro hat der Bau verschlungen, der auch zum Pilgerziel für Architekturfreunde geworden ist. Der Zugang erfolgt durch den Bahnhof. Von hier geht man durch einen Tunnel, in dem Barbara Trautmanns Lichtschlange „Kaa" Besuchern den Weg weist – zum Lift, der 40 Meter in die Höhe führt. In Meiers luftigem Bau mit seinen zwölf Meter hohen Wänden kann sich nicht nur die Kunst von Hans Arp und seiner Frau Sophie Taeuber-Arp entfalten. Für die Eröffnungsausstellung hatte der Gründungsdirektor Klaus Gallwitz neben Arbeiten des Namensgebers auch das voluminöse Frühwerk von Anselm Kiefer sowie Kunstwerke von Johannes Brus und Anton Henning zusammengetragen. Im Bahnhof wie im Neubau soll Arps Werk auch künftig in den Dialog mit zeitgenössischen Künstlern treten. Die konkurrieren indes immer mit dem unvergleichlichen Ausblick auf Vater Rhein und das Siebengebirge.

Die Eröffnung des Museums im September 2007 verlief nicht ganz störungsfrei – weil die Stiftung Arp-Museum, die ein großes Konvolut von Skulpturen eingebracht hat, einige Werke verkauft hatte. Daran entzündete sich eine erregte Diskussion über Gussrechte an, die bis heute andauert.

Martinstraße 39
Köln-Innenstadt
F: 0221 / 22 12 76 93,
0221 / 22 12 11 19
B: Rathaus, Gürzenich
T: Heumarkt
Ö: Di / Mi / Fr 10-18,
Do 10-22, Sa / So
11-18 Uhr
E: 9 €, erm. 6 €
M: wallraf@museen
koeln.de
I: www.museenkoeln.de

Wallraf-Richartz-Museum Fondation Corboud

Spaziergang durch 700 Jahre europäische Malerei

Köln ist keine Stadt, die sich unter der schützenden oder spendablen Hand eines Fürsten entwickeln konnte. Die Bürger mussten sich ihre Schatzkammern aus eigener Tasche mit künstlerischen Kostbarkeiten füllen. So entstand mit dem Wallraf-Richartz-Museum eines der ersten bürgerlichen Museen des 19. Jahrhunderts in Deutschland. Der Kanonikus und spätere Universitätsrektor Ferdinand Franz Wallraf (1748 bis 1824) rettete nach der Säkularisation von 1802 eine große Zahl bedeutender Kunstwerke, die er später der Stadt stiftete. Wohlhabende Kölner Bürger vervollständigen bis zum heutigen Tag die Sammlung, für die der Kaufmann Johann Heinrich Richartz 1861 den ersten Museumsbau finanzierte.

Nach dem Auszug aus dem Doppelmuseum am Dom fand die Sammlung im Kunstquader des Stararchitekten Oswald Mathias Ungers gleich hinter dem Gürzenich, Kölns traditionellem Ballhaus, ihr neues Zuhause. Ungers massiger Kubus schmeichelt nicht dem Auge, aber er ist charakteristisch für Köln, denn er nimmt bewusst einen Charakterzug jenes mittelalterlichen Kölns auf, das einmal die größte europäische Stadt nördlich der Alpen war. Orientiert am rechtwinkligen, römischen Straßenplan entwickelte sich eine kompakt anmutende Bebauung.

So steht der Museumsneubau in reizvollem Kontrast zum Rathausturm aus dem 15. Jahrhundert und der eleganten Renaissancelaube, die sich am gegenüberliegenden Ende des Rathausplatzes erheben. Außerdem ist man nun wieder dort heimisch geworden, wo ein Großteil der Sammlung geschaffen wurde. Hier befanden sich im Mittelalter die Werkstätten der Goldschmiede und Maler. Stefan Lochner wohnte und arbeitete hier, seine „Muttergottes in der Rosenlaube" zählt zu den bedeutendsten Werken des Museums. Hinter seiner fensterlosen Fassade aus Basaltlava und Eifel-Tuffstein verbirgt das Haus im ersten Obergeschoss auf 950 Quadratmetern Kunst des Mittelalters. Für die großformatigen Altarbilder des 14. bis 16. Jahrhunderts schuf Ungers einen kreuzförmig angelegten Mittelsaal. Hier sind die großartigen Werke der gotischen Malerei aus Köln zu bewundern, die in den Arbeiten der Meister der Hl. Veronika, der Kleinen Passion und der Ursula-Legende faszinierend realistische Menschenbeobachtung erkennen lassen. Mit dem Übergang zur Renaissance hält die Sammlung ihr Niveau, wie Dürers „Pfeifer und Trommler" und die Arbeiten von Lucas Cranach d. Ä. oder Joos van Cleve beweisen. In seiner Hängung spiegelt das neue Haus eine Mentalität Kölns wider, denn die Stadt wusste stets von allen Seiten fruchtbare Einflüsse in ihr öffentliches Leben zu integrieren. So kann man etwa in den der Altkölner Malerei benachbarten Räumen beobachten, wie die Malerei in der Stadt durch den Zuzug französischer, flämischer, niederländischer und westfälischer Künstler ihre besondere Delikatesse erhielt.

Aber auch große Namen des Barock zählt das Wallraf-Richartz-Museum zu seinen Beständen. Darunter Peter Paul Rubens mit „Juno und Argus" und seinem originellen „Selbstbildnis mit den Mantuaner Freunden". Neben den Flamen van Dyck, Jordaens und Heemskerck sind die Italiener mit Tizian, Tintoretto, Strozzi und Bordones „Bathseba im Bade" vertreten. Die Franzosen setzen mit Le Nain, Boucher und Claude Lorrain aus dem 17. und 18. Jahrhundert gleichfalls Akzente.

In den letzten Jahrzehnten konnte durch großzügige Stiftungen und kluge Ankäufe der Anteil der Malerei des späten 19. Jahrhunderts in repräsentativer Breite ergänzt werden. Zu Manet, Sisley, Renoir, van Gogh und Cézanne kamen Monets „Seerosen" – und mit den kraftvollen Arbeiten der Symbolisten Ensor, Gauguin und Munch enthält die Sammlung ein interessantes Gegengewicht zur Präsenz der Impressionisten. Mit Bildern von Caspar David Friedrich, Menzel, Spitzweg und Gustave Courbet ist man gut vorbereitet auf die explosive Erneuerung der Malerei, die mit dem Wechsel zum 20. Jahrhundert einsetzt. In ihren graphischen Kabinetten besitzt die Sammlung mit 75.000 Graphiken ein imposantes Konvolut, in dem Namen wie Leonardo da Vinci, Rembrandt und Rodin vertreten sind. Neben vielen Entdeckungen, die das Wallraf-Richartz-Museum für Besucher bereithält, die hier repräsentativ die Entwicklung der europäischen Malerei über 700 Jahre verfolgen möchten, gibt es mit den zahlreichen, exquisiten Werken des Realisten Wilhelm Leibl, der 1844 in Köln das Licht der Welt erblickte, ein Kleinod der Sammlung zu bestaunen.

Dass Köln inzwischen zu den Pilgerstätten der Liebhaber des Postimpressionismus gehört, ist dem in der Schweiz lebenden Kölner Industriellen Gérard Corboud zu danken, der seine Sammlung in der Stadt beheimaten wollte, wo seine Firma ihren Reichtum erwirtschaftet hatte. Mit ihm hat Köln eine neue wichtige Stifterpersönlichkeit gewonnen und zeigt nun Werke von Cross und Gustave Caillebotte. Flirrend intensiv, ein erregender Kontrast zum quadratischen Raumzuschnitt des Ungersschen Interieurs. Direktor Andreas Blühm, seit Mitte 2005 im Amt, bemüht sich intensiv um junge Besucher, die er dem Haus etwa mit einer „Tierschau" bereits erschlossen hat.

DIE KÖLNER KOLLWITZ SAMMLUNG

DER WELTWEIT UMFANGREICHSTE BESTAND AN ZEICHNUNGEN, DRUCKGRAPHIK UND SKULPTUREN VON KÄTHE KOLLWITZ (1867 – 1945)

Neumarkt 18 – 24 · 50667 Köln
Tel. (0221) 227-2899 / -2602 · Fax (0221) 227-3762
Di – Fr 10 – 18 Uhr · Sa / So und an Feiertagen 11 – 18 Uhr
www.kollwitz.de · museum@kollwitz.de

Käthe Kollwitz
Museum Köln
Kreissparkasse Köln

Geschichte, Kunst, Sport und Schokolade

Die vollständigen Adressen und Infos finden Sie im Register.

Wie ein Spaziergang an Deck eines großen Passagierschiffs nimmt sich ein Bummel über die Treppen und Plattformen des Schokoladenmuseums aus. An der Spitze des Rheinauhafens, gleich neben dem alten Zollamtsgebäude, errichtete die Firma Imhoff-Stollwerck einen Museumsbau aus Glas und Aluminium, von dessen Dach sich das Stadtpanorama wundervoll betrachten lässt. Das Schokolodenmuseum ist bei Jung und Alt gleichermaßen beliebt – und nicht nur, weil am Schokoladenbrunnen jeder Besucher einmal von der „Speise der Götter" naschen darf. Einen Genuss für Auge und Gaumen stellen allerdings auch die provisorisch installierten Produktionsstätten dar, in denen feinste Trüffelpralinés hergestellt werden. Alles Wissenswerte über 300 Jahre Schokoladenherstellung soll darüber nicht zu kurz kommen. So kann man im Tropenhaus sehen, wie die Kakaobäume im Dschungel gedeihen. Kulturgeschichtlich führt der Weg von den vornehmen Hofgesellschaften zum Schokoladenkonsum für jedermann. Besonders interessant sind die Verkaufsautomaten der Firma Stollwerck, eines Unternehmens, dessen Werbestrategien seiner Zeit weit voraus waren. Stollwerck brachte das Kino nach Deutschland. Nur wenige Wochen, nachdem die Lumières ihre Erfindung in Paris vorgeführt hatten, zeigte Stollwerck im Zuge eines neuen Werbefeldzuges die ersten, selbst produzierten Filme in Köln.

Ein Besuch des Rheinauhafens mit Kindern und Jugendlichen lohnt sich aber nicht alleine wegen der Schokolade. Gleich neben dem Kakaotempel liegt das Deutsche Sport- und Olympia-Museum. Auf 2.000 Quadratmetern Ausstellungsfläche wird der Wandel des Sports von der Antike bis zu den Helden des Zeitalters elektronischer Massenmedien dargestellt. Gesonderte Abteilungen sind der Geschichte des Turnens in Deutschland, der englischen Sportgeschichte und den Olympischen Spielen in Berlin und München gewidmet. Es gibt Reliquien der Sportgeschichte wie Tennisschläger von Boris Becker und ein Eislaufkleid von Katharina Witt zu bestaunen. Kritisch setzt man sich im Museum mit der Mutation des Sports zum Unterhaltungsspektakel heutiger Tage auseinander. Für Besucher bietet sich die Gelegenheit, auch die Muskeln spielen zu lassen, beim Ritt auf einem Rennrad im Windkanal oder beim Spiel mit lebensgroßen Tipp-Kick-Figuren.

Gegenüber dem Wallraf-Richartz-Museum befindet sich mit dem Farina-Haus das Duftmuseum der 1709 in Köln gegründeten, ältesten Parfumfabrik der Welt. Eau de Cologne, Kölnisch Wasser ist ein Markenzeichen, das immer noch Scharen von Besuchern anzieht.

Eine Lehrstunde ganz anderen Kalibers bietet Jugendlichen und Erwachsenen das NS-Dokumentationszentrum im **El-De-Haus**, das nach seinem Bauherrn, dem Kaufmann Leopold Dahmen, benannt wurde. Diese hautnahe Begegnung mit der nationalsozialistischen Vergangenheit vergisst man nicht mehr. Zugleich bietet sich in der ehemaligen Gestapo-Zentrale Kölns Gelegenheit, durch unmittelbare Anschauung einen emotionalen wie auch intellektuellen Zugang zur dunkelsten Epoche deutscher Geschichte zu gewinnen. Das am Appellhofplatz gelegene Gebäude diente der Gestapo als Dienststelle, in der gefoltert und gemordet wurde. Mehrere hundert Menschen sind im Innenhof des El-De-Hauses hingerichtet worden. In den Achtzigerjahren setzten Bemühungen ein, die rund 1.800 Inschriften zu erhalten, die von den hier einsitzenden Gefangenen in die Zellenwände geritzt wurden. Es befinden sich viele letzte, verzweifelte Botschaften von Juden, Russen und politisch Oppositionellen darunter, die hier ihren Tod fanden. Das Haus wurde zum Dokumentationszentrum umgebaut, in dem Forschungs- und Bildungseinrichtungen untergebracht sind, die über die Zeit des Nationalsozialismus aufklären.

Es sind nur wenige hundert Meter, um vom Appellhofplatz zum **Käthe-Kollwitz-Museum** im Obergeschoss der Neumarkt-Passage zu gelangen. Es ist die international größte Kollwitz-Sammlung. Ein feiner Rahmen wurde hier auf 1.000 Quadratmetern Ausstellungsfläche für eine exquisite Exposition von Plastiken, über 250 Zeichnungen, an die 400 druckgraphischen Blättern und allen von Käthe Kollwitz gestalteten Plakaten geschaffen. Die Kreissparkasse konnte durch Ankäufe verhindern, dass das Werk der Kollwitz in alle Winde zerstreut wurde. Von den frühen Zyklen, in denen sich die Künstlerin mit den dramatischen sozialen Verhältnissen im Kaiserreich aus-

Die international größte Sammlung von Werken der Künstlerin findet man im Kölner Käthe-Kollwitz-Museum.

einander setzte, bis zu ihren späten Arbeiten aus der Zeit des Zweiten Weltkrieges, die immer wieder den Tod zum Thema haben, kann man hier ihr gesamtes Werk überblicken. Ein großzügiger Etat ermöglicht immer wieder Neuerwerbungen. Regelmäßige Sonderausstellungen widmen sich dem graphischen Werk der Kollwitz-Zeitgenossen oder verwandten Themen.

Geht man vom Käthe-Kollwitz-Museum an der Basilika St. Aposteln vorbei, so befindet man sich wieder im Umfeld der zeitgenössischen Kunst. Der **Kölnische Kunstverein** ist hier in der „Brücke", dem ehemaligen Gebäude des British Council an der Cäcilienstraße, untergebracht. Als sich die Bildende Kunst in den Sechzigerjahren in ihrem großen Aufbruch befand, agierte der Kunstverein stets an vorderster Front, wenn es um neue ästhetische Entwicklungen ging. In den ruhigeren Neunzigerjahren konzentrierte man sich konsequent auf die Präsentation jüngerer oder in der Öffentlichkeit unterschätzter Künstler. Die beiden jungen Direktorinnen, die den traditionsreichen Verein derzeit leiten, bieten hier ein internationales Programm und ein Crossover von Medienkunst, bildender Kunst und elektronischer Musik. Außerdem ist in dem von Wilhelm Riphahn klar und übersichtlich gestalteten Haus der Filmclub 813 mit einem schmucken Kino untergebracht. Das Programm der jungen Filmenthusiasten ist immer für eine Überraschung gut.

Überraschungen anderer Art hält das **Deutsche Tanzarchiv** der **SK Stiftung** im Media Park bereit. Es stellt eine auf der Welt fast einzigartige Institution dar, in der die Geschichte des Tanzes vom 15. Jahrhundert bis heute in Stichen, Skulpturen, Fotografien, Filmen und Kostümen dokumentiert ist. Große Persönlichkeiten der Tanzchoreographie wie Pina Bausch werden hier mit intim gestalteten Ausstellungen präsentiert. Das Tanzarchiv ist nicht nur ein Museum mit einer ungewöhnlichen Sammlung, sondern präsentiert sich auch als Informations- und Forschungszentrum mit großer Bibliothek und Videothek.

Der Bühnenkunst ist auch ein anderes Museum verpflichtet. Im Schloss Wahn hat die **Theaterwissenschaftliche Sammlung** in einer historischen Idylle ihre Heimstatt gefunden. Das Wasserschloss beherbergt seit 1955 die von Carl Niessen, einem Professor der Universität Köln, angelegte Sammlung. Auch diese Institution demonstriert das grundlegende Problem Kölns, kaum Mittel für seine reichen Kunstschätze zu besitzen. Die Unterbringung in dem zwar schönen, aber viel zu kleinen Schloss verhindert eine adäquate Präsentation der Sammlung, in der sich Bilder, Kostüme, umfangreiche Archive und Fotosammlungen befinden. Mit Sonderausstellungen lockt das von den Theaterwissenschaftlern der Universität geführte Haus Neugierige an, die sich gerne einmal für ein paar Stunden in der Welt des Theaters verlieren möchten.

Und wer einen Ausflug in die Umgebung nicht scheut, dem sei die **Stiftung Keramion** in Frechen ans Herz gelegt. 5.000 interessante und inspirierende keramische Unikate von 500 Künstlern aus 35 Ländern sind hier zu sehen.

GALERIEN

Kunst und Köln ist eine Allite-
ration mit Tradition. Hier wird
seit langem in der Champions
League gespielt, und dabei ist
es geblieben. Bekannte Aukti-
onshäuser und mehr als achtzig
Galerien repräsentieren internationale Vielfalt und Qualität.

Die Top Ten unter den Galerien

Die vollständigen Adressen und Infos finden Sie im Register.

Einer der ganz Gro-
ßen unter den Kölner
Galeristen ist Karsten
Greve. Hier eine
John-Chamberlain-
Ausstellung.

Der „Global Player" unter den Kölner Galeristen ist **Karsten Greve**. Neben dem Haus in der Drususgasse unterhält er Standorte in Paris und St. Moritz. 1973 startete er seine Galeristenlaufbahn mit einer Einzelausstellung von Yves Klein; seither bildet die internationale Avantgarde den Schwerpunkt seines Galerieprogramms, das sich durch Qualität und Vielfalt auszeichnet. Greve trug in seiner 35-jährigen Ausstellungstätigkeit maßgeblich zur weltweiten Anerkennung von Louise Bourgeois, John Chamberlain, Lucio Fontana und anderen Künstlern der Nachkriegszeit bei. Weitere große Namen im Programm: Jannis Kounellis und Cy Twombly, Willem de Kooning und Jean Dubuffet. Daneben zeigt er seit vielen Jahren jüngere Künstler wie Peter Schmersal, Leiko Ikemura

und die amerikanische Fotografin Sally Mann. Nur ein paar Schritte entfernt befindet sich die Galerie mit der längsten Tradition: 1838 gründeten zwei Neffen des Goethe-Freundes Sulpiz Boisserée die gleichnamige Galerie, die heute von Johannes Schilling und Thomas Weber geleitet wird. Neun große Schaufenster locken nicht nur Touristen in die zentral gelegenen Räume unweit des WDR und des Museums für Angewandte Kunst. Der Schwerpunkt liegt auf Malerei und Graphik nach 1950, doch auch die Klassische Moderne von Max Ackermann bis zu Victor Vasarely ist im Angebot. Wer sich die nicht leisten kann, sollte einen Blick in das umfangreiche Grafik-Konvolut werfen – hier gibt es schon unter 5.000 Euro attraktive Offerten. Auf üppigen 300 Quadratmetern Ausstellungsfläche organisiert das Duo große Ausstellungen, etwa mit Graphiken von Chagall, Miró und Picasso.

Zu den ersten Adressen gehört auch die Kewenig Galerie, die 2003 die sorgsam renovierten Räume am Appellhofplatz 21 bezogen hat. 200 Quadratmeter stehen der Kunst im Hochparterre zur Verfügung, im großzügigen Kellergewölbe werden Videoinstallationen gezeigt. Mit den Fantasie-Fahrzeugen des belgischen Künstlers Panamarenko startete Michael Kewenig seine Aktivitäten in der Kölner Innenstadt, es folgten viel beachtete Ausstellungen mit Christian Boltanski, Emilia und Ilya Kabakov, Ulrich Rückriem und Ian Hamilton Finlay. Zu den jüngeren Künstlern im Programm zählen Ivan Bazak, Kimsooja, Kirsten Ortwed und Lois Renner. In direkter Nach-

Traditionsreich, aber ohne Patina: die Galerie Boisserée, hier die Geschäftsführer Johannes Schilling und Thomas Weber.

barschaft befindet sich die Galerie von Daniel Buchholz, der hier außerdem ein weithin bekanntes Antiquariat unterhält und seit geraumer Zeit auch einen Raum um die Ecke in der Elisenstraße bespielt. Zu den Stars im Programm von Buchholz und seinem Kompagnon Christopher Müller gehören der Fotograf Wolfgang Tillmans und Isa Genzken; doch die Galerie wartet immer wieder auch mit interessanten Neuentdeckungen auf, von denen viele sich anschicken, eine internationale Karriere zu machen. Dazu gehören etwa Florian Pumhösl und Mark Leckey, die beide mit dem hoch dotierten Kunstpreis der Gothaer Versicherung ausgezeichnet worden sind. Irene Gerling, die Ehefrau des Versicherungsmagnaten Hans Gerling, gründete in Sechzigerjahren die Baukunst-Galerie, die heute von Jutta Müller geführt wird. Die Kunsthistorikerin, die ihr Handwerk im Londoner Auktionshaus Christie´s gelernt hat, hat das Image der Galerie behutsam verändert, ohne sich vom etablierten Künstlerstamm zu trennen und ohne die anspruchsvolle Klientel zu verprellen, die sich hier bei den sechs bis acht jährlichen Vernissagen trifft. Als Müller die Galerie übernahm, dominierten hier noch Künstler wie Eduardo Chillida und Mark Tobey das Programm. Mittlerweile richtet sie das Interesse des angestammten Publikums auch auf die Fotografien der Lettin Inta Ruka, auf Maler wie Phil Sims und Meta Isaeus-Berlin und auf Künstler wie den Japaner Noritoshi Hirakawa, der in seinen Arbeiten die Grenzen zwischen öffentlichem Leben und zwischenmenschlicher Intimität verschwimmen lässt. Für Aufsehen sorgte die Uraufführung der halbstündigen Performance „Vier zwei Eins", einer Arbeit, in der Hirakawa eine inzestuöse Beziehung zwischen Vater und Tochter thematisiert.

Die Galerie Benden & Klimczak setzt einen Schwerpunkt in der amerikanischen Pop-Art, die in den Ausstellungsräumen in Köln und Viersen mit Tom Wesselmann, Andy Warhol und anderen Heroen prominent vertreten ist. Aus der langen Liste bekannter Maler und Bildhauer ragen David Hockney und Alex Katz hervor. Daneben widmet sich die Galerie nicht weniger engagiert einem jungen Programm.

Gisela Capitain gehört als Sprecherin der Kölner Galeristen zu den einflussreichen Drahtzieherinnen der Szene, die kein Blatt vor den Mund nimmt, wenn es um kulturelle Belange in der Stadt geht. Die frühere Mathematiklehrerin hat einst ein Berliner Loft mit Martin Kippenberger geteilt; seit dessen frühem Tod betreut sie seinen Nachlass. 1986 hat sie sich mit einer eigenen Galerie in Köln selbstständig gemacht. Kippenbergers Geist weht bis heute durch die Räume, denn Gisela Capitain interessiert sich vor allem für Positionen, die eine geistige Verwandtschaft mit dem Enfant Terrible aufweisen. Sie vertritt Albert Oehlen, einen Weggefährten Kippenbergers und Georg Herold, aber auch die Polin Monika Sosnowska und den Amerikaner Christopher

Er hat eine Bibliothek, so groß wie kaum ein Wissenschaftler sie vorweisen kann, und ist ein Schöngeist mit künstlerischen Ambitionen. Der als Modemacher weltweit bekannte **Karl Lagerfeld** hat beispielsweise Goethes „Faust" mit Monika Schiffer als Gretchen durchfotografiert. Und anderes. In Köln hat er in Krystyna Grmurzynska eine engagierte Galeristin von Rang gefunden. Eine Verbindung, die dazu führte, dass der Modemacher auch auf der Kunstmesse Art Cologne vertreten war.

Williams. Diverse Ausstellungen hat sie mit aufwendigen Publikationen und Katalogen begleitet, gelegentlich überlässt sie auch Gastkuratoren das Feld. Zu den aufstrebenden jungen Künstlern, die sie unter ihre Fittiche genommen hat, gehört Johannes Wohnseifer. Machtbewusst ist auch **Christian Nagel,** der 1992 die Gegenmesse „Unfair" ins Leben rief, um der etablierten „Art Cologne" kräftig Dampf zu machen. Zuletzt war er maßgeblich an der Verlegung der Traditionsmesse ins Frühjahr beteiligt, ebenso an der Ablösung von Messedirektor Gérard Goodrow. Weithin geschätzt wird das ausgeprägte Gespür des Münchners, der schon seit 2002 einen Standort in Berlin unterhält – für Gegenwartskunst mit Schwerpunkt auf der „Konzeptkunst", die er äußerst erfolgreich vermarktet. Schon früh gelang es ihm, Künstler wie Cosima von Bonin, Michael Krebber, Andrea Fraser und Heimo Zobernig an sich zu binden. Nagel ist ein Jetsetter in Sachen Kunst, der auf vielen Messen präsent ist und auch das Terrain in China bereits sondiert.

Seit zwanzig Jahren im Geschäft ist **Monika Sprüth**, die 1990 eine ehemalige Fabrikhalle in der Südstadt bezog. Die gelernte Architektin legte von Anfang an Wert darauf, feministische Positionen zu vertreten. Unter dem Titel „Eau de Cologne" versammelte sie 1985 in einer bahnbrechenden Ausstellung Arbeiten von Rosemarie Trockel, Cindy Sherman, Barbara Kruger, Jenny Holzer und Ina Barfuss und be-

Ausstellung bei Monika Sprüth. Die engagierte Galeristin förderte viele Künstlerinnen, deren Namen heute hoch gehandelt werden.

gleitete diese Aktivitäten mit einer gleichnamigen Publikation, die noch heute einen legendären Ruf in Kunstkreisen hat. Viele Künstler hat sie in die Welt getragen, die meisten sind ihr über zwei Jahrzehnte eng verbunden geblieben: das Duo Fischli/Weiss, Cindy Sherman, Louise Bourgeois, Annette Messager und viele andere. Rosemarie Trockel gehört zum engen Freundeskreis der umtriebigen Galeristin, die Partnerschaften in München (mit Philomene Magers) und in London (mit Simon Lee) betreibt und ihre Fühler auch nach Berlin ausstreckt.

Hinter unscheinbarer Fassade agiert Michael Werner. Das äußere Understatement täuscht indes: Von der Gertrudenstraße aus stellt er die Weichen für seine internationalen Aktivitäten – auch in New York unterhält er eine Galerie. Mit Georg Baselitz, Jörg Immendorff und Markus Lüpertz hat er die erste Garde der Vertreter zeitgenössischer Malerei in den weitläufigen Hinterhof-Räumlichkeiten versammelt. Für den Dresdner Ralf Winkler, der sich seit 1968 nach dem Eiszeitforscher Albrecht Penck nennt, richtete Michael Werner vor 35 Jahren die erste Einzelausstellung aus. Bis heute zeigt die Galerie regelmäßig alte und neue Arbeiten von A. R. Penck, der sich rastlos in vielen Richtungen erprobt hat. Ein Standbein hat auch Werner seit einiger Zeit in der Hauptstadt, wo Sohn Julius eine Galerie betreibt, die eng mit der des Vaters kooperiert.

St. Apernstraße, Albertusstraße

Kunst im Herzen der Stadt

Für Kunstfreunde und Antiquitätensammler sind diese beiden parallel verlaufenden Innenstadtstraßen ein Eldorado – hier finden sich Galerien und Kunsthandlungen auf engstem Raum beieinander, außerdem eine Repräsentanz des Auktionshauses Sotheby's und die Buchhandlung Walther König, einem Bruder des Museumsdirektors Kasper König. In seinem Antiquariat kann man nach dem Galeriebesuch lustvoll in Kunstbüchern und Ausstellungskatalogen stöbern, die man oft für weniger als den halben Preis nach Hause tragen kann. Besonders anregend ist der Kunstbummel, wenn die Galerien im April und im September mit einem geballten Programm und verlängerten Öffnungszeiten in die neue Saison starten.

Zu den Stars in der Art Galerie 7, die Martina Kaiser und Meike Knüppe betreiben, gehört Igor Oleinikov, dessen großformatige Ölgemälde bei Sammlern hoch im Kurs stehen. Arbeiten im Grenzbereich zwischen Malerei und Fotografie gilt das besondere Interesse der beiden Galeristinnen, zu deren Schützlingen auch Holger Jacobs und Marc Lüders gehören, der gemal-

Martina Kaiser und Meike Knüppe betreiben die ArtGalerie.

te Figuren in fotografierte Räume setzt, so dass eigenwillige Überlagerungen von Realität und Fiktion entstehen.

Michael Nickel von der Galerie Jöllenbeck vertritt seit langem die in Köln lebende Künstlerin Rune Mields, die sich in ihren Arbeiten mit Erklärungs- und Ordnungssystemen verschiedenster Kulturen beschäftigt. Bei deren visueller Umsetzung beschränkt sie sich konsequent auf die „Nicht-Farben" Schwarz und Weiß. Die Galerie legt einen Schwerpunkt auf die Kunst der Sechziger- und Siebziegerjahre; daneben werden regelmäßig junge Künstler vorgestellt.

In kurzem Abstand folgen auf derselben Straßenseite die Galerien Jan Schlütter und Ralf Schriever, bei dem es überwiegend knallbunt und lebendig zugeht.

Stefan Röpke engagiert sich insbesondere für die zeitgenössische spanische Kunst und betreibt seit einigen Jahren eine Dependance in Madrid. Die ebenerdigen, lichten Räume mit den großen Fenstern sind ein Anziehungspunkt für die zahlreichen Flaneure, die tagtäglich durch das belebte Viertel streifen.

in der Galerie Ucher setzt man in Wesentlichen auf konkrete Kunst. Zu den Künstlern der Galerie gehört etwa Leo Erb, der seit den Vierzigerjahren mit schier unerschöpflicher Fantasie aus zwei Grundkonstanten – der Farbe Weiß und der Linie – Bildobjekte geschaffen hat. Gefaltetes Papier, Holzlatten, Kartonagen und weiße Holzstöcke dienten ihm dabei als Ausgangsmaterial. Bei Angela Reitz wird aus manch einer Vernissage ein „Art-Event", das die Grenzen der Galerieräume sprengt. Dann weicht die Galeristin schon mal in die Wolkenburg aus, wo sich bei derartigen Gelegenheiten oft über 300

Kunstfreunde treffen. Das Programm ist vielfältig: In der St. Apernstraße werden neue Arbeiten des Bananensprayers Thomas Baumgärtel ebenso gezeigt wie Werke von Hubert Berke, einem Schüler von Paul Klee, und seiner Tochter Eva Ohlow, deren bevorzugter Werkstoff Gummi ist.

Gleich vier Galerien haben sich an der Albertusstraße niedergelassen. Bei **Maximilian Krips** geben sich die Stars ein Stelldichein: Joseph Beuys und Bernhard Blume, Sigmar Polke, Gerhard Richter und C. O. Paeffgen sind hier vertreten, die jüngere Generation wird etwa durch Lutz Fritsch repräsentiert, der sich durch Installationen im öffentlichen Raum einen Namen gemacht hat. Gelegentlich flankiert Krips mit eigenen Präsentationen Ausstellungen, die im Museum Ludwig zu sehen sind. **Heidi Reckermann** hat ein ausgeprägtes Gespür für Trends: Allgemeines Aufsehen erregte sie mit einer Fotoserie der Fotografin Katharina Bosse, die Tänzerinnen der „New Burlesque"-Szene vor die Kamera geholt hat. Klassische und zeitgenössische Fotografie sind hier überwiegend vertreten. **Brigitte Schenk** sorgte zuletzt mit einer Ausstellung des Schock-Rockers Marilyn Manson für überregionales Aufsehen, zu der der „Herr der Düsternis" höchstpersönlich angereist war. Türsteher mussten für Ordnung im Gedränge sorgen, obwohl die Einladungen streng limitiert waren. Die geschäftstüchtige Galeristin hat die Zeichen der Zeit erkannt: Sie ist schon seit längerem in den Vereinigten Arabischen Emiraten aktiv.

Belgisches Viertel
Innovativ und unkonventionell

Brüsseler, Antwerpener und Maastrichter Straße gehören zum „Belgischen Viertel", in dem sich zwischen Rudolfplatz und Friesenplatz eine lebendige Szene mit vielen Läden, Kneipen und Galerien in Nachbarschaft zur Aachener Straße und zur Lindenstraße entwickelt hat. Auf der Lindenstraße ansässig ist die **Galerie Skala**, die der figurativen Kunst ein Forum bietet. Hier ziehen die Blumen, Insekten und Kriechtiere, die der Kölner Künstler Matthias Brock auf riesige Leinwände pinselt, die Blicke auf sich. **Dieter Wilbrand** gehört zum Urgestein der Kölner Galeristen. In seinen Räumen in der ersten Etage hat er etwa eine Ausstellung zu Rupprecht Geigers hundertstem Geburtstag organisiert. Als der junge Wilbrand vor über vierzig Jahren eines seiner farbintensiven Gemälde zu Gesicht bekam, stand für ihn fest, dass er in den Kunsthandel einsteigen wollte. Wie ein „Who is who" der jüngeren Kunstgeschichte liest sich die Liste der Einzelausstellungen, die Dieter Wilbrand in vier Jahrzehnten ausgerichtet hat: Horst Antes und Hans Arp, Willi Baumeister und Michael Buthe, Rune Mields und C. O. Paeffgen, Erich Reusch, Gerhard Richter und Dieter Roth sind ebenso vertreten wie Victor Vasarely und Pablo Picasso, dessen Graphik Ende der Sechzigerjahre noch keineswegs ein Selbstläufer war, wie man eigentlich annehmen könnte. Viele Künstler, die inzwischen zu Ruhm gekommen sind, hat der Galerist seinen Besuchern erst langsam nahe bringen müssen. Dazu gehört auch Raimer Jochims, mit dem er 14 Ausstellungen gemacht hat und der dennoch bis heute unterschätzt wird. Auch Ferdinand Spindel und der kürzlich verstorbene Fritz Koethe gehören zu Wilbrands Schützlingen, für deren Werk er sich mit Geduld und sanfter Beharrlichkeit eingesetzt hat.

Ein Senkrechtstarter ist Christian Lethert. Der Jung-Galerist (Jg. 1981) hat das Handwerk als Assistent bei Erhard Klein erlernt. Als der den Galerietrieb in der Eifel aufgab, machte sich Lethert in der Antwerpener Straße selbstständig, wo er seit 2006 international etablierten Künstlern wie Katharina Sieverding und Lutz Fritsch sowie jungen Künstlern ein Forum bietet. In Letherts Nachbarschaft ist auch Susanne Zander ansässig, die als eine der ersten Galerien in Europa die Kunst von Außenseitern hoffähig gemacht hat. Mit ihrer Partnerin Nicole Delmes engagierte sie sich für die Arbeiten von August Walla und anderen, die im zu Ruhm gekommenen Künstlerhaus der psychiatrischen Anstalt Gugging entstanden sind und zeigt auch Werke von amerikanischen Outsidern – Häftlinge etwa, die erotische Skulpturen aus Seife schnitzen. Das zweite Standbein ist die Art Brut. In diesem Genre hat Susanne Zander schon vor Jahren richtungsweisende Ausstellungen durchgeführt, seit 2000 organisiert sie das Art-Brut-Segment der Kunstmesse Cologne Fine Art, denn inzwischen ist auch hierzulande die Sammlerschaft für diese Kunstrichtung gewachsen, mit der Susanne Zander schon früh in Berührung kam. Zu ihren Entdeckungen gehört der Kölner Tätowierer Thomas Grundmann. Sebastian Brandl, gebürtiger Berliner mit einer

Katharina Jahnkes Installation „Somnia, 2008" in der Galerie Sebastian Brandl.

Leidenschaft für den Kunststandort Köln, hat sich einem jungen Programm mit den Schwerpunkten Malerei und Plastik verschrieben. Sechs bis sieben Ausstellungen veranstaltet er im Jahr; dabei stellt er in seinen Räumen oft Talente vor, die er bei den Akademie-Rundgängen entdeckt hat. **Emmanuel Walderdorff** ist im Jahr 2000 mit dem Ziel angetreten, der jungen Künstlergeneration eine Plattform zu bieten und als Wegbereiter für die 30- bis 35jährigen zu fungieren. Pia Aulock, Philipp Schönborn und Julia Schrader sind inzwischen zum wiederholten Mal mit Ausstellungen präsent. Der Spross eines Adelsgeschlechts wuchs als Assistent der Galerie Rehbein ins Kunstgeschäft hinein und bespielt seit Jahren neben der Kölner Galerie einen Pavillon im elterlichen Schloss Molsberg bei Montabaur. Walderdorffs Engagement gilt auch der in Köln vernachlässigten Kunst aus den osteuropäischen Nationen. Der Slowake Svätopluk Mikyta hat dank Walderdorffs Einsatz mit seinen subtilen Fotoübermalungen inzwischen Sammler in New York gefunden; für die Tiermenschen von Julia Schrader konnte er den Werkzeugfabrikanten und Sammler Reinhold Würth begeistern.

Am Brüsseler Platz mit seinen denkmalgeschützten Häusern fühlt sich die Spanierin Carmen González-Borrós fast wie zu Hause in Valencia. Sie konzentriert sich in ihrer **Galerie „100 Kubik – Raum für spanische Kunst"** ausschließlich auf die Kunst ihres Heimatlandes. In fünf bis sechs Ausstellungen pro Jahr bringt sie die „alte Avantgarde" den deutschen Kunstfreunden ebenso nahe wie jüngere, aber bereits etablierte Positionen. Malerei, Plastik und Neue Medien wechseln sich in den beiden lichten Räumen ab. Dabei kann sich die promovierte Kunsthistorikerin bei der Auswahl auf ihr ausgeprägtes Gespür und ihre langjährige Erfahrung als Kuratorin und Kunstkritikerin verlassen. Keine Festlegungen gibt es in der kleinen **Galerie Benninger** in der Moltkestraße, wo Skulptur, Malerei und Fotografie in wechselnden Ausstellungen gleichermaßen zu ihrem Recht kommen.

Bekannt für die Präsentation eigenwilliger Künstler aus den Bereichen Malerei und Plastik ist die **Galerie Thomas Rehbein**, die sich an der Aachener Straße eingerichtet hat – an prominenter Stelle, denn im Haus Nr. 5 hat auch das Millowitsch-Theater seinen Sitz. Ein Stück stadtauswärts betreiben **Philipp Figge und Philipp von Rosen** ihre Galerie. Die ambitionierten Ausstellungen, in denen regelmäßig Absolventen internationaler Kunstakademien vorgestellt werden, werden stets von kleinen Publikationen begleitet. Das Duo, das sich aus gemeinsamen Zeiten in der Kewenig Galerie kennt, hat ein Händchen für Positionen, die selbst in der Kunststadt Köln aus dem Rahmen fallen.

Vor der Vernissage: Aufbauarbeiten in der Galerie Julia Granatz.

Immer noch zu ent-
decken: David Ost-
rowski in der Alexa
Jansen Galerie.

Junge Szene

Überraschungen inbegriffen

Obwohl schon oft totgesagt, gibt es sie noch – die junge Szene behauptet sich nicht nur mit spannenden Ausstellungen,
sondern auch durch beachtliches Engagement. **Alexa Jansen**
hat ihre kleine Kellergalerie in einem denkmalgeschützten
Bürgerhaus der Gründerzeit schon vor längerem um ein Ka-
binett erweitert, außerdem bespielt sie auch den geräumigen
Innenhof und belebt mit dem Wechsel zwischen innen und außen ihr Programm. „Jeder soll auch eine Installation für den
Hof machen", lautet der Grundsatz, mit dem sie immer wieder
höchst sehenswerte Resultate erzielt. Zu ihren Entdeckungen
gehört neben Max Benz, Meisterschüler von Markus Lüpertz
an der Düsseldorfer Kunsthochschule auch der Berliner Künstler Harry Hauck. Unverwechselbar sind seine pneumatischen
Konstruktionen, die aussehen wie aus Stein, tatsächlich aber
aufgeblasene, grauschwarze Gummischläuche sind. Zwischen
Skulptur und Architektur bewegt sich das Werk des Künstlers,
der neben meterhohen Säulen auch kleine Objekte herstellt.
Jung und hip sind die Präsentationen der Galerie **Fiebach &
Minninger**, die Malerei und Neue Fotografie zeigt. Die internationale Ausrichtung, aber auch die Kontakte zu den Kunstakademien in Düsseldorf, Leipzig und Berlin sorgen immer
wieder für freche Präsentationen in der Backsteinhalle in einem Hinterhof an der Venloer Straße. **Julia Garnatz**, Tochter
der Kölner Großsammler Eberhard und Ute Garnatz, hat sich
mit ihrer ersten eigenen Galerie in einem Altbau in der Südstadt eingerichtet. Seither gibt sie hier unbekannten Talenten
eine Chance, die sie oft auf Streifzügen durch die Akademien
aufspürt. Auffällig ist ihre Vorliebe für alles, was einen leicht
bizarren Beigeschmack hat – so wie die Gemälde der Nürn-
bergerin Irene Altschaffel oder die Mischwesen von Nina Ma-

Manche Dinge versteht man,
ohne zu hören.

Andere dagegen
werden beim Hören erst verständlich.

Hört! Hört!

Köln auf UKW: 91,3 89,9

eitere Informationen:
örerservice 0221.345-1831
er www.dradio.de

Hören ist Wissen.®

Deutschlandfunk

Kultur ist überall.®

Deutschlandradio Kultur

lotta. Der **Projektraum Knut Osper** liegt zwar zentral, aber ein wenig versteckt in der Großen Brinkgasse. Anja Knöss, die Leiterin der luftigen Hinterhofgalerie, konzentriert sich hier auf ein junges Programm, das so qualitätsbewußt ist, dass sich ein Abstecher immer lohnt. Im Verlauf jeder Ausstellung lädt sie zum Künstlergespräch. Wer junge Kunst zu moderaten Preisen sucht, ist hier an der richtigen Adresse.

Den **Kunstraum Blast** haben acht Absolventen der Kunsthochschule für Medien gegründet, um Kölns jüngster Künstlergeneration eine Plattform zu bieten. Tilman Peschel, Tamara Lorenz, Charlotte Desaga und Thorsten Schneider sind unter den vielversprechenden und schon mehrfach ausgezeichneten Künstlern, die sich unterschiedlichster künstlerischer Mittel bedienen. Auch internationale Gäste wie der New Yorker Video- und Performancekünstler Wayne Hodge sind hier willkommen.

Internationale junge Positionen stellt Chantal Blatzheim im **e-raum** in Neu-Ehrenfeld aus. Die junge Kunsthistorikerin, die selbst über eine beachtliche Kunstsammlung verfügt, sucht auf Messen, in Ateliers und bei den Abschlusspräsentationen in den Kunsthochschulen in Deutschland und im benachbarten Ausland nach jungen Talenten, denen sie in dem ebenerdigen Eckraum mit der großen Fensterfront ein Forum bietet. Sechs bis sieben Ausstellungen, oft auch mit thematischer Ausrichtung, finden hier pro Jahr statt; während der Laufzeit gibt es immer einen „Artist Talk".

Wo junge Talente ins Blickfeld gerückt werden: der e-raum in Neu-Ehrenfeld.

Galeriehaus ADS1a

Kunstadresse im Kölner Norden

Fünf sehr unterschiedlich ausgerichtete Galerien haben die Energien gebündelt und sich mit dem Galeriehaus An der Schanz 1a, kurz **ADS1a**, einen gemeinsamen Standort jenseits der „Hot Spots" geschaffen. Der Zusammenschluss ist für Besucher attraktiv, weil sie bei einem Ausflug nach Riehl an einem Ort viel künstlerisches Potenzial vorfinden. Das ehemalige Umspannwerk, gelegen zwischen mehrspurigen Straßen und Hochhäusern, setzt nach dem Umbau auch einen architektonischen Akzent in der Umgebung. Im schönen Kellergeschoss hat **Mirko Mayer** ein neues Domizil gefunden. Zeichner wie Rick Buckley und Colin Cook, mit Schrift arbeitende Konzeptkünstler wie Boaz Keizman, Harald F. Müller und Ralph Baiker, junge Bildhauer und Exzentriker wie Blixa Bargeld bilden den Künstlerstamm. Bei **Vera Gliem** und **Luis Campana** gibt es immer Überraschendes zu entdecken. Bei **Hammelehle & Ahrens** trifft man neben Altmeistern wie Albert Oehlen vorwiegend auf Maler und Bildhauer einer jüngeren Generation. Über Persönlichkeit und eine prägnante Handschrift müssen Künstler verfügen, die Sven O. Ahrens und Bernd Hammelehle unter ihre Fittiche nehmen. Beide sind selbst akademisch ausgebildete Künstler. **Sabine Schmidt** ist auf Fotografie spezialisiert und hat auch Klassiker wie Hugo Schmölz und Alfred Renger-Patzsch im Programm.

Rheinauhafen

Kunst mit Blick auf den Rhein

Der Rheinauhafen entwickelt sich zu einem der interessantesten Quartiere der Stadt. Hier treffen historische Hafengebäude wie das Silo und das „Siebengebirge" auf hochwertige, zeitgenössische Architektur.
Heinz Holtmann, der Grandseigneur unter den Kölner Galeristen, wagte als erster den Schritt in das schicke Viertel. Dass er bis heute in einer Baustelle lebt, nimmt er mit Gleichmut hin. Unvergleichlich ist die Lage an der Rheinpromenade, wo man von dem Blick aufs Wasser freilich ebenso gefesselt wird wie von den Kunstwerken. Aufsehenerregende Ausstellungen hat Holtmann unter anderem Joseph Beuys, Dieter Roth und Arnulf Rainer gewidmet, und darüber auch den Nachwuchs nicht vergessen: Saskia Niehaus etwa, Boris Becker und die Koreanerin In Sook Kim. Das Hauptgewicht liegt auf internationaler Malerei und Fotografie der Gegenwart. Holtmann ist auf allen wichtigen Messen präsent und hat viele Kataloge veröffent-

licht. Dem Charme des Ortes waren bald auch Binz & Krämer erlegen, die hier ihr in der Südstadt begonnenes Programm mit Schwerpunkt auf Malerei und Skulptur erfolgreich fortsetzen. Auch das Kap Forum für Architektur hat hier seinen Sitz. Gerade erst eröffnet wurde das Künstlermuseum Beckers – Böll, eine Initiative der Künstler Günther Beckers und René Böll, die hier ihre Vorstellungen von einem interdisziplinären Gesamtkunstraum verwirklichen, in den auch Musik, Literatur und angewandte Künste einbezogen werden. Die passenden Räumlichkeiten fanden sich im Informationspavillon des Rheinauhafens, wo ihnen bis zum Abriss des Containers Ende 2010 etwa 180 Quadratmeter zur Verfügung stehen, die von etablierten Kollegen wie von Nachwuchskünstlern bespielt werden.

Heinz Holtmann gehört zu den Initiatoren der „Kunstmeile Süd", zu der sich zwölf Einrichtungen zusammengeschlossen haben. Wer gut zu Fuß ist, kann den Galeriebummel bis ins Forum für Fotografie fortsetzen, wo sich auch die Galerie Rolf Hengesbach, die Galerie Thomas Zander sowie die Alfred-Ehrhardt-Stiftung und das Literaturhaus mit seinem kleinen Café befinden.

Spezialitäten

Ein Hauch von großer weiter Welt

Auf außereuropäische Kunst hat sich die Galerie Dierking spezialisiert. Artefakte aus Afrika, Asien, Amerika und Ozeanien sind hier im Angebot und bei jeder Ausstellung weht erneut ein Hauch von Ferne und Abenteuer durch die Räume. Galerist Dierk Dierking hat schon manch eine museumsreife Schau zusammengestellt; zum Teil stammen seine Kostbarkeiten aus alten amerikanischen und europäischen Privatsammlungen. Die CCAA Glasgalerie hingegen hat sich ganz dem zerbrechlichen Material verschrieben. Glaskunst in Vollendung gibt es hier in wechselnden Präsentationen zu bestaunen. Außerdem bietet Michael Ströter ein breites Sortiment an Replika römischer Kannen, Becher und Schalen, die bei Köln-Touristen ein beliebtes Souvenir sind, weil sie eine geschmackvolle Alternative zum üblichen Andenkenkitsch darstellen. Ein paar Schritte weiter trifft man auf die Galerie „Ars Picturae", die sich auf Alte Meister konzentriert. Galerist Christian Lübens, von Hause aus Mediziner, ist damit in eine Marktlücke gestoßen. Er bietet Darstellungen deftigen holländischen Bauernlebens ebenso an wie elegante Rokoko-Malerei; der Schwerpunkt liegt auf der Kunst des 17. und 18. Jahrhunderts. Lübens, ein leidenschaftlicher Sammler und Archivar, beantwortet seinen Kunden auch gern Fachfragen zu Gemälden im Eigenbesitz.

Rudolf Smend wollte 1972 eigentlich nach Australien auswandern. Seine Reise führte ihn zunächst nach Indonesien. Auf

Christian Lübens von der Galerie Ars Picturae hat sich auf Alte Meister konzentriert.

Java und Bali faszinierten ihn die Batiken. Smend kaufte die handgearbeiteten Stoffe und legte damit den Grundstock zu einer museumsreifen Sammlung. In Indonesien lernte er junge Künstler kennen, baute Kontakte auf – und begrub den Aussteigertraum. Stattdessen gründete er die Batik-Galerie, die zur Anlaufstelle für ein internationales Fachpublikum wurde und seither auch ein Mekka für alle ist, die sich über die alten Batik-Techniken informieren wollen. Seit dreißig Jahren ist die Galerie, die mit den Jahren um Lagerräume und eine Versandabteilung erweitert wurde, eine erste Adresse für textile Kunst und deren Liebhaber.

Die Galerie Rachel Haferkamp hat ein Programm entwickelt, in dessen Zentrum Klangkunst und Neue Medien stehen. Mit diesem Profil dürfte sie zumindest in Deutschland einzigartig sein. Galerist Hanjo Scharfenberg unterhält enge Kontakte zur Musikhochschule und zur Kunsthochschule für Medien. Die angesagte Adresse für deutsche und europäische Möbelklassiker ist die Galerie Gabriele Heidtmann. Die Galerie ARTicle ist in Köln die beste Adresse für Multiples. Im Multiple Room werden Editionen, Graphiken und kleine Objekte zu Preisen zwischen zehn und 250 Euro angeboten. Eine Besonderheit sind die Article Editionen, an denen sich die ausstellenden Künstler beteiligen.

Südstadt

Lebendig und kreativ

Die Südstadt ist ein begehrtes Pflaster. Wer das nötige Klein-
geld hat, nimmt sich eine Wohnung in einem der gediege-
nen Bürgerhäuser in der Volksgartenstraße, wo sich auch der
Bildhauer Ulrich Rückriem seit seiner Rückkehr nach Köln
häuslich eingerichtet hat. Etwas bescheidener geht es in den
anliegenden Straßen zu, die mit ihrer bunten Mischung aus
Läden und Kneipen und Multi-Kulti-Atmosphäre auch Anziehungspunkt für die Studenten der Fachhochschule für Kunst
und Design sind, die hier ihren Sitz haben. Es herrscht ein
kreatives Klima, von dem auch die Galerien profitieren, die
sich hier angesiedelt hat.

Die Galeristinnen **Anke Schmidt und Iris Maczollek** sind in
die großen Fußstapfen von Rolf Ricke getreten, dessen Galerie sie nach seinem Rückzug 2005 übernommen haben. Einen Teil der Räume und des Künstlerstamms haben sie sich
erhalten, darunter Altmeister David Reed, Fabian Marcaccio
und Steven Parrino, dessen vielversprechende Karriere durch
einen tödlichen Motorradunfall beendet wurde. Parrino hinterließ ein facettenreiches Werk, das die beiden Galeristinnen bei einem Besuch in seinem New Yorker Atelier gesichtet
haben und das sie in weiteren Ausstellungen zugänglich machen wollen. Als Galerie SchmidtMaczollek haben sie längst
ein eigenständiges Profil entwickelt und etwa dem Schweizer
Hanspeter Hofmann eine Plattform geboten, der in seiner
Heimat viel beachtet ist. Ein Faible für Fotografie und Zeich-
nung hat **Werner Klein,** der seine Galerie in direkter Nachbarschaft in der Volksgartenstraße betreibt. Der katholische
Diplomtheologe kam durch einen Freund mit der Kunst in
Berührung und entdeckte bald darauf sein Talent, diese zu
präsentieren und zu verkaufen.

Mit der Biennale-Teilnehmerin Candida Höfer hat sich die
Galerie **Johnen & Schöttle** einen Star an Land gezogen,
doch auch manch einem Nachwuchstalent hat sie aus den
Startlöchern geholfen. Tino Sehgal etwa, der es bis in den
deutschen Pavillon der Biennale in Venedig geschafft hat,
verdankt seinen Aufstieg unter anderem einer Performance
bei Jörg Johnen und seinem Partner Rüdiger Schöttle. An
sich gebunden haben die beiden auch den polnischen Senkrechtstarter Wilhelm Sasnal und den Letten Janis Avotins.
In einem hellen Ladenlokal in der Elsassstraße präsentiert
Frank Henseleit sein Programm aus zeitgenössischer Malerei, Plastik und Fotografie; Präsentationen finden auch im
Kellergewölbe statt.

Auktionshäuser

Köln ist ein Zentrum des Kunstmarktes

Carola **van Ham** gründete 1959 das Kunsthaus am Museum. Vor einigen Jahren hat sie ihre Aktivitäten vom Zentrum in die Schönhauser Straße verlegt. Hier gibt es großzügige Räumlichkeiten für Alte und zeitgenössische Kunst, Möbel, Teppiche, Porzellan und die vielen anderen kostbaren Dinge, die hier versteigert werden. Inzwischen wird das Haus vom Sohn der Firmengründerin, Markus Eisenbeis, geführt. Zum Service des Hauses gehören kostenlose mündliche Schätzungen für Objekte.

Das **Kunsthaus Lempertz**, zentral am Neumarkt gelegen, ist ein Auktionshaus mit langer Tradition und bester Reputation. Auktionsschwerpunkte sind Alte und Moderne Kunst, Kunstgewerbe, Ostasiatische Kunst und Fotografie, sowie alte Bücher und Graphik. **Venator & Hanstein** sind auf Buch- und Graphikauktionen spezialisiert. Die Anfänge des Auktionshauses gehen auf die Dreißerjahre zurück, als man den Plan fasste, in der bedeutenden Verlagsstadt Köln wieder Buch- und Graphikauktionen durchzuführen. Rolf Venator leitet das Haus seit 1953. Hier kommen neben Büchern auch Manuskripte und Autographen, Druckgraphik und Handzeichnungen unter den Hammer.

Beim Kunsthandel **Klefisch** dreht sich alles um Ostasiatische Kunst. Traudel Klefisch hat das Unternehmen vor 30 Jahren gegründet und ist mit ihrem Angebot nahezu konkurrenzlos in Deutschland.

Atelierhäuser

Tummelplätze der Musen

Auch wenn die Künstler über fehlende Arbeitsmöglichkeiten klagen – eine knappe Hand voll Atelierhäuser hat die Stadt immerhin aufzuweisen. Die Existenz einiger der ehemaligen Industriebauten ist allerdings gefährdet – entweder, weil der Abriss droht oder weil eine andere Nutzung geplant ist, schließlich haben auch Investoren längst den Industriecharme entdeckt, den sie potenten Käufern schmackhaft machen.

Die Gothaer Versicherung baute vor über zehn Jahren ein Haus eigens für die Kunst. 20 Ateliers mit einer Fläche von jeweils 100 Quadratmetern, eins davon als Gastatelier für einen ausländischen Künstler. Samt einer luftigen, 400 Quadratmeter großen Ausstellungshalle bieten sie im **Neuen Kunstforum** beste Arbeitsmöglichkeiten. Als Betreiber fungiert das Atelierforum, einer der drei Gesellschafter ist die Stadt Köln, die über die Vergabe der Ateliers entscheidet. Das **Kunsthaus Rhenania**

Vierhundert Quadrat-
meter Ausstellungs-
halle und Atelierfo-
rum: das Kunstforum
Köln.

ist ein Speicher für Mixed Media: fünfzig Künstler aus vielen
Ländern arbeiten hier mit- und nebeneinander. Fotografie,
Film, Malerei, Medienkunst, Musik, Literatur, Performance,
Skulptur, Tanz und Theater entwickeln sich hier unter einem
Dach. In der zentralen Halle im Erdgeschoss finden Ausstel-
lungen und Konzerte mit Künstlern des Hauses und externen
Gästen statt.

Wenn sich Galeristen auf Talentsuche begeben, führt sie ihr
erster Weg in die **Imhoff-Ateliers.** Zehn Räume wurden für
die Künstler in leer stehenden Büros im Schokoladenmuseum

eingerichtet – zum Nulltarif wohlgemerkt. Jeweils zwei Jahre kann man hier arbeiten, mit der Option auf eine zweijährige Verlängerung. Dann wechselt die Belegschaft. Dass es hier keine Altersbeschränkung gibt und keinen Zwang zum Output um jeden Preis, ist eine besonders noble Geste.

In einer ehemaligen Gummifädenfabrik befindet sich das KunstWerk Köln, Kölns größtes selbstverwaltetes Atelierhaus. In den 75 Ateliers und Werkstätten arbeiten über 150 Künstler der unterschiedlichsten Bereiche. Neben Malern, Graphiker, Bildhauern und Fotografen haben sich hier Musiker, Designer, Architekten, Multimedia-Künstler, Kostüm- und Bühnenbildner und Buchbinder niedergelassen. Einmal im Jahr, parallel zur „Langen Nacht der Kölner Museen", veranstaltet das kreative Völkchen eine Hausausstellung im 3.000 Quadratmeter großen Ausstellungsraum. Besucherandrang herrscht auch bei den „Tagen der offenen Ateliers", die alljährlich im Oktober stattfinden. Die KunstEtage Deutz befindet sich im hinteren Querriegel des Geländes. 1994 haben sich hier 17 Künstler und Künstlerinnen aus den Bereichen Malerei, Skulptur, Foto-, Video-, Objekt- und Konzeptkunst eingemietet.

Kunst-Orte

Ungewöhnlich, aber nicht beiläufig

Die Kunststation St. Peter und ihre Aktivitäten werden seit langem argwöhnisch von den Kirchenoberen beobachtet, und selbst im fernen Rom ist man darüber informiert, was sich in dem schlichten Kirchenraum abspielt, der seit 1987 als Ort für zeitgenössische Kunst und Musik dient. Jesuitenpater Friedhelm Mennekes animiert seither internationale Berühmtheiten, dazu ortsbezogene Arbeiten zu schaffen. Von Eduardo Chillida stammt der Altar. Ein Kunstort der besonderen Art ist auch die Synagoge Stommeln in einem Vorort von Köln. Die kleine Landsynagoge ist die einzig verbliebene von ursprünglich zwölf Synagogen in der Region westlich von Köln. 1990 wurde das Projekt Synagoge Stommeln ins Leben gerufen, um die Öffentlichkeit für die besondere Bedeutung des Ortes zu sensibilisieren, der als Mahn- und Denkmal stärker in Erscheinung treten sollte. Seither entwickelt einmal im Jahr ein prominenter Künstler ein einzelnes Kunstwerk, das sich unter dem Motto „Ein Ort – ein Raum – eine Arbeit" mit der Geschichte und der Architektur auseinander setzt. Jannis Kounellis war 1991 der erste Künstler, der sich dieser Aufgabe stellte. In die internationalen Schlagzeilen geriet das Projekt durch eine Arbeit von Santiago Sierra. Der Provokateur ließ im Frühjahr 2006 Autoabgase in die Synagoge leiten, die Besucher mit Atemgerät und in Begleitung eines Feuerwehrmannes betreten konnten. Mit der Installation „245 Kubikmeter" wolle er an die Vernichtungsmaschinerie des Dritten Reiches erinnern, erklärte der Künstler seinerzeit. Nach massiver Kritik, unter anderem vom Zentralrat der Juden in Deutschland, brach Sierra selbst das Projekt zwei Tage später ab. Der Eklat ist bis heute unvergessen. Führungen durch die Synagoge werden nach Absprache organisiert. In einem Bahnbogen der Hohenzollernbrücke befindet sich das **Gulliver**, eine Überlebensstation für Obdachlose unmittelbar am Hauptbahnhof. In der Einrichtung, die in Zusammenarbeit mit Künstlern und Architekten gestaltet wurde, finden regelmäßig Ausstellungen unterschiedlichster Art statt.

Ein Geheimtipp für Kunstfreunde sind **Atelier und Ausstellungshalle** von **Curt Stenvert** in Köln-Lövenich. Stenvert (1920 bis 1992), in jungen Jahren einer der Begründer der „Wiener Schule des Phantastischen Realismus", war Filmemacher, Maler, Objektkünstler und Autor. Ende der Siebzigerjahre siedelte er nach Köln über. Seine Witwe Antonia Stenvert-Mittrowsky, eine ehemalige Schauspielerin am Wiener Burgtheater, verwaltet den riesigen Nachlass und öffnet die Ausstellungshalle, in der Stenvert gearbeitet hat, gelegentlich für Besucher. In unregelmäßigen Abständen liest sie aus seinen Werken, zeigt seine Filme und stellt das malerische Werk vor.

Kunst in freier Natur bietet der Skulpturenpark Köln, hier James Lee Byars, „Untitled (Sigmund Freud)."

Der **Fuhrwerkswaage Kunstraum** ist eine private, nichtkommerzielle Institution, die sich mit ihren Ausstellungen, oft Installationen, seit der Gründung 1979 ein erhebliches Renommee erarbeitet hat. Überregionale Beachtung wird Projekten wie „Privatgrün" zuteil. Dabei werden Haus-, Dach- und Schrebergärten im Kölner Süden mit Kunst bespielt. Seit über einem Vierteljahrhundert existiert die **Moltkerei Werkstatt**, die sich experimentellen Kunstformen verschrieben hat. Hier finden Performances statt, hier werden auch Installationen gezeigt, in denen Klang und Multimedia eine Rolle spielen.

Einen Ausflug wert ist der **Skulpturenpark Köln**, eine grüne Kunstoase zwischen Riehler Straße, Zoobrücke und dem Konrad-Adenauer-Ufer. Der Park ist eine Referenzadresse für zeitgenössische Skulptur im Außenbereich, die hier durch Namen wie Tony Cragg, Günther Förg, Jörg Immendorf, Markus Lüpertz, Ulrich Rückriem, Rosemarie Trockel und zahlreiche weitere Künstler prominent vertreten ist. Bei einem Rundgang durch das Areal eröffnet sich die ganze Bandbreite bildhauerischer Möglichkeiten.

FOTOGRAFIE

Köln ist eine glückliche Liaison mit der Fotografie eingegangen. Fotokunst auf hohem Niveau wird von mehreren Galerien gehandelt, die internationale Photoszene repräsentiert sich im Rahmen der photokina, und diverse Sammlungen zeigen Klassisches oder was sich auf dem Weg dahin befindet.

Entdeckungen, wohin man schaut

Die vollständigen Adressen und Infos finden Sie im Register.

Lange Zeit nach dem Krieg war der 1876 geborene Kölner Fotograf **August Sander** ein nur wenigen Kunstsinnigen bekannter Geheimtipp, bis in den 70er Jahren eine Neuveröffentlichung seiner „Rheinlandschaften" eine Renaissance seines Werks einleitete. Sander gehört zu den größten Fotografen überhaupt. Seine sensiblen Porträts einfacher Leute, fernab allen Heldentums, waren den Nazis höchst suspekt.

Die Kunststadt Köln unterhält mit der Fotografie eine eigenwillige Liaison. Dass es überhaupt zu dieser Verbindung kommen konnte, ist einem Mann zu verdanken, unter dessen Händen die Fotografie als zartes Pflänzchen im Reigen der Künste wachsen und schließlich auch gedeihen konnte. 1950 veranstaltete L. Fritz Gruber erstmals jene Bilderschauen zur photokina, die im Bewusstsein der deutschen Öffentlichkeit entscheidend zur Etablierung der Fotografie als eigenständiger Kunst beitrugen. Fotografen von Rang hat es in Köln auch zuvor schon gegeben, etwa Karl Hugo Schmölz und Hermann Claasen, der großartige Zeugnisse der zerstörten Stadt schuf. Später auch Chargesheimer, der eigentlich Karl Heinz Hargesheimer hieß und mit seinen Aufnahmen Lebensgefühl und Selbstverständnis der Nachkriegepoche ins Bild rückte. Nicht zu vergessen August Sander, der von seinem Atelier auf der Dürenerstraße aus die Eifel und den Westerwald bereiste, um in seinem weltweit beachteten Porträtwerk die Spuren zu dokumentieren, welche die gesellschaftliche Prägung im Antlitz der Menschen des 20. Jahrhunderts hinterließ.

Über 300 internationale Bilderschauen veranstaltete Gruber. Sie dienten den Messebesuchern der photokina zunächst als Demonstration, die ihnen vor Augen führen sollte, was man mit den gerade neu entwickelten Kameras so alles machen konnte, wenn man in der Lage war, so zu fotografieren wie die Meister des Fachs. Grubers Bilderschauen trugen jedoch vor allem dazu bei, dass die Besucher sich im Betrachten künstlerischer Fotografie übten. Diesen pädagogischen Ansatz brachte er eher dezent in seiner eigenen Fotosammlung zum Ausdruck, die so repräsentativ aufgebaut ist, dass sie wichtige Arbeiten aller Epochen und Genres enthält. Die Sammlung ist heute Teil des **Museum Ludwig**.

Köln wurde Sitz der Deutschen Gesellschaft für Photographie, die 1993 ihre Sammlung mit 1.700 Aufnahmen international bekannter Fotografen an **die Photographische Sammlung der SK Stiftung Kultur** übergab. Diese Institution, die von der Stadtsparkasse Köln ins Leben gerufen wurde, ist im Media Park beheimatet und stellt das Rückgrat der Kölner Fotoszene dar. Die Stiftung geht aus dem August-Sander-Archiv hervor, das die Stadtsparkasse Köln 1992 erwarb, und zu dem rund 4.500 Originalabzüge und 11.000 Glasnegative zählen. Über die Jahre fanden schnell Nachlässe und Sammlungen bedeutender Fotografen Eingang in die Photographische Sammlung. Sanders Ästhetik eines konzentrierten Schauens, das mehr dokumentiert als interpretiert, fühlt man sich inhaltlich verpflichtet. So entwickelte sich eine enge Zusammenarbeit mit Bernd und Hilla Becher, die als prägende Lehrmeister eines Großteils der jüngeren Generation deutscher Fotokünstler gelten. Die Photographische Sammlung ist aber auch ein Museum, und zwar eines, das mit wundervoll kuratierten Ausstellungen einen Überblick über den Reichtum der zeitgenössischen Fotokunst liefert und Arbeiten von Jeff Wall, William Christenberry und Marcel Broodthears zeigt.

Die Photographische Sammlung arbeitet mit Ann und Jürgen Wilde zusammen, die neben den Galeristen Kicken und Reckermann zu den Pionieren der Kölner Fotoszene zählen. Heute residieren die Wildes in der Schönhauser Straße, wo sie in ihrer **Alfred-Erhardt-Stiftung** den Nachlass von Alfred Erhardt, Karl Blossfeld und Albert Renger-Patzsch auswerten. Tür an Tür befindet sich in dem architektonisch reizvoll um einen Innenhof gruppierten Komplex die Galerie **Thomas Zander**. Er bescherte Köln in den letzten Jahren ein Füllhorn erstklassiger Fotopräsentationen. So zeigte Thomas Zander als einer der ersten deutschen Galeristen die Street-Fotografie eines Gary Winogrand, der in seinen Bildern aus dem alltägli-

Lebendiger Ort für eine engagierte Ästhetik zeitgenössischer Fotografie: das Forum für zeitgenössische Fotografie.

Enormes Spektrum
moderner Fotokünst-
ler: die in focus Galerie
in der Nähe des Doms.

chen Leben den Amerikanerinnen eine großartige Huldigung
darbringt. Es folgten Ausstellungen von William Eggleston und
Lee Friedlander sowie dem neuen Shooting-Star Ken Schles.
Zanders Ausstellungsprojekte sind immer einen Besuch wert.
Vis-à-vis befindet sich das **Forum für Zeitgenössische Photographie**, dessen Initiator Norbert Moos ist. Der Kölner Arzt
weiß aufgrund seiner Arbeit in Afrika und Asien, dass es auch
außerhalb der mit bekannten Fotografennamen gepflasterten
Straßen des internationalen Fotomarktes erstklassige Fotokünstler gibt. Im weitläufigen Forum zeigt er zudem europäische Künstler, die in Deutschland noch nicht in ihrer ganzen
Meisterschaft entdeckt worden sind. So gelangen dem Forum
eindrucksvolle Präsentationen des schwedischen Klassikers
Christer Strömholm und des Franzosen Antoine d´Agata. Aber
auch einem Talent wie der Finnin Aino Kannisto bietet man
die Möglichkeit zur Entfaltung ihrer ausdrucksstarken Farbfo-
tografien. So hat sich das Forum in kurzer Zeit zu einem unerhört lebendigen Ort für eine engagierte Ästhetik zeitgenössischer Fotografie entwickelt.
Die wachsende Riege international bedeutender japanischer
Fotografen ist in der **Galerie Claudia Delank** zu Hause. Faszinierende Impulse sendet auch die **Kudlek Van Der Grinten Galerie** aus. Sie zeigt Künstler, die auf erregende Weise modernes
Großstadtleben ins Blickfeld rücken, wie den Franzosen Pierre
Faure, der mit der subtilen Tiefenschärfe seiner Aufnahmen
das urbane Niemandsland von Schnellstraßen und Trabanten-
städten auslotet.
Die **Sabine Schmidt Galerie** bietet neben Klassikern wie Hugo
und Karl Hugo Schmölz sowie Karl Blossfeld auch Fotografie
des 19. Jahrhunderts an. Gerade ein Publikum, das in der Fotografie die Nähe zur bildenden Kunst sucht, findet hier interessante Arbeiten. So zeigt Sabine Schmidt Blumenstillleben
und wuchtige Skulpturenfotografie von Thomas Florschuetz,
die sie herrlich effektvoll zu präsentieren weiß.
Erstaunliche Entdeckungen aus den zwanziger und dreißiger
Jahren fördert die Galerie Priska Pasquer ans Licht. Hier sind
nicht alleine El Lissitzky und Laszlo Moholy-Nagy vertreten,

sondern mit ihren Ausstellungen von Anneliese Kretschmer, Elfriede Stegemeyer und Heinz Hajek-Halke demonstrierte Priska Pasquer, dass die Fotografiegeschichte des 20. Jahrhunderts entscheidend ergänzt werden muss.

Burkhard Arnold und seiner **in focus Galerie** am Dom gelang es, mit einer einzigartigen Schau von Willy Ronis auf einen der großen französischen Fotografen hinzuweisen, der in Deutschland nie die Beachtung fand, die ihm gebührt. Diese sehr ambitioniert arbeitende Galerie bietet ein enormes Spektrum an Künstlern. Neben klangvollen Namen wie Frank Horvat, Lucien Clergue, Jean Loup Sieff, Jan Saudek und Bruce Davidson zeigt man konsequent abstrakte Fotografie und jüngere Künstler wie Thomas Kellner und Thomas Karsten.

Viele Fäden der Fotoszene Kölns laufen im Übrigen in der **Schaden.com** Buchhandlung zusammen, wo Markus Schaden auf seinen Verkaufstischen stets über die neuesten Entwicklungen des internationalen Fotomarktes informiert. Und alle zwei Jahre findet die Internationale Photoszene Köln im Rahmen der **photokina** mit Ausstellungen in renommierten Kunstinstitutionen und an ungewöhnliche Orten der Stadt ihr Publikum.

Köln, Blicke: auf der photokina.

www.kulturverfuehrer.de

HISTORISCHES

Unter dem Pflaster liegt in Köln oft große Geschichte aus römischer Zeit. Aber vieles ist auch heute noch im Stadtbild zu entdecken. Mit seinen zwölf romanischen Kirchen ist Köln einzigartig.

Historisches Köln

Himmlische Architektur und irdische Profite

Die beiden **Dom**türme gelten heute schlechthin als Wahrzeichen Kölns. Das ist aber erst seit gut 120 Jahren so. Über Jahrhunderte hatten die Kölner nichts anderes als den Baukran des unfertigen Südturms sehen können und wohl kaum noch daran geglaubt, dass diese Kathedrale jemals vollendet würde. Im Grunde wäre also der Baukran das eigentliche Wahrzeichen Kölns – und als Symbol hochfliegender Pläne und ihrer eher zögerlichen Verwirklichung könnte man ihn durchaus als charakteristisches Merkmal kölscher Mentalität verstehen (vielleicht geriet deshalb auch die Diskussion um die von Gerhard Richter 2007 gestalteten Glasfenster, die dem Kardinal so missfielen, während sie von den Kölnern geliebt werden, zu einem offenen Politikum). Die größte Kirche der Christenheit sollte diese Kathedrale werden, nach den Vorbildern der französischen Gotik entworfen. Tatsächlich schaut das „gotische Fabeltier" – wie Günther Grass den Dom in seiner „Blechtrommel" nannte – ja auch nach Westen.

Der Reliquienbesitz der Heiligen Drei Könige hatte den Bau notwendig gemacht. Rainald von Dassel, Kanzler Kaiser Barbarossas, brachte die Gebeine als Kriegsbeute aus Mailand nach Köln. 1248 legte Konrad von Hochstaden den Grundstein. Zunächst wurde fieberhaft gearbeitet, das Handwerk erlebte eine Blüte, und die Stadt wurde von Pilgern geradezu überschwemmt. 1322 war dann der Ostchor, das Kernstück der Kathedrale mit seinem Wald zierlicher Fialen und Verzierungen, fertig. Danach geriet der Bau ins Stocken und ruhte einmal sogar für 300 Jahre. 1814 fand man den verloren geglaubten Originalplan der Fassade aus dem 13. Jahrhundert wieder. Und so waren es letztlich die den Kölnern so verhassten Hohenzollern, die den Dom zum nationalen Symbol erkoren und 1880 seine Fertigstellung ermöglichten.

Gleichwohl muss an diesem gigantischen Bauwerk immerfort gearbeitet und ausgebessert werden, was man beim Blick in die Dombauhütte beobachten kann, in der die Steinmetze unermüdlich gegen Sturmschäden und Luftverschmutzung anzukämpfen haben. Die Reliquien, für die Nikolaus von Verdun 1181 mit seinem Goldschrein ein Wunder mittelalterlicher Goldschmiedekunst schuf, mussten anfangs im 818 erbauten Vorgänger des heutigen Doms untergebracht werden. Ihm war schon ein römischer Tempel aus dem 4. Jahrhundert vorausgegangen.

Das römische Köln darf man sich nicht als schmucklosen Militärstützpunkt vorstellen. 40.000 Menschen sollen hier zeitweise innerhalb der römischen Stadtmauer gelebt haben, von der heute noch zahlreiche Reste existieren. Ein Kleinod aus dieser Zeit ist der mit Mosaiken reich verzierte Römerturm, der im

Im Mittelalter begonnen, aber erst vor 150 Jahren fertig gestellt: der Kölner Dom. Im Vordergrund die Hohenzollernbrücke über den Rhein.

Mittelalter Teil einer Klosteranlage war und sein Überleben der Tatsache verdankt, dass er einen Abort enthielt. Namen und Stadtrechte hatte Köln von Agrippina, der Gemahlin des Kaisers Claudius erhalten, die ihre Heimatstadt Colonia Claudia Ara Agrippinensium taufte. Aus Colonia wurde später Köln.

Große Bautätigkeit setzte im 4. Jahrhundert ein. Zahlreiche Tempel finden sich aus jener Epoche, aus der auch das **Praetorium**, eine Art römisches Rathaus mit diversen Gerichtsgebäuden, stammt. Dessen Mauern wurden 1953 unter dem **Rathausbau** des 15. Jahrhunderts freigelegt. Der Turm dieses Rathauses mit seinen Figuren berühmter Kölnerinnen und Kölner stellt demonstrativ den Reichtum und die Macht der Gaffeln – so nannten sich die Kölner Zünfte – zur Schau. Bei seiner Fertigstellung 1414 war er das erste Hochhaus des Mittelalters in Deutschland. Gleich daneben befindet sich die **Renaissancelaube**, das schönste Renaissancebauwerk des Rheinlandes. Zwischen Rathaus und Wallraf-Richartz-Museum kann man einen Blick in eine **Mikwe**, das rituelle Bad der Juden, werfen. Sie gehörte zu einer um das Jahr 1000 erbauten Synagoge.

Diese Epoche prägt Köln bis zum heutigen Tag durch den Reigen jener zwölf romanischen Kirchen, deren majestätische Architektur uns eine Vorstellung von Sancta Colonia, dem Heiligen Köln, gibt. Diesen Ehrentitel durften im Mittelalter neben Köln nur Trier, Rom und Jerusalem führen. Die Größe und das Ebenmaß dieser Bauten muss die Pilger in atemloses Staunen versetzt haben. In **St. Pantaleon**, einem der ältesten unter den zwölf Gotteshäusern, das noch die damals üblichen

Unter der Glaspyramide am alten Rathaus von Köln befindet sich eine Mikwe, ein rituelles jüdisches Bad aus dem Mittelalter.

von einer Immunitätsmauer umgebenen Grünflächen besitzt, lässt sich noch etwas von der kontemplativen Atmosphäre der Romanik erahnen. Erzbischof Bruno hatte den Grundstein im 10. Jahrhundert gelegt, die aus Konstantinopel stammende Kaiserin Theophanu, die seit 972 mit Otto II. verheiratet war, betrieb seine Vollendung, beide liegen hier auch begraben. Der Schlüssel zum Reichtum der Stadt lag im Besitz der Reliquien. Ihnen wurde von den Gläubigen wundertätige Macht zugeschrieben, die der Stadt eine Aura der Unbesiegbarkeit verlieh. Köln besaß nicht nur Stab und Ketten des Heiligen Petrus, sondern auch die Gebeine etlicher Stadtpatrone wie **St. Gereon**, St. Ursula und St. Severin. Wobei man es mit der Echtheit der Gebeine nicht immer genau nahm und sich auch schon einmal auf den reichlich vorhandenen Gräberfeldern der römischen Legionäre bediente.

Etliche der zwölf Kirchen wurden auf vorhandenen römischen Fundamenten erbaut, so etwa St. Ursula, St. Georg und St. Maria im Kapitol, die ihre Herkunft schon im Namen führt – sie entstand auf dem alten Kapitolshügel über dem Rhein. Zu den prächtigsten der zwischen 1150 und 1250 entstandenen Bauten zählt St. Gereon mit seinen weithin sichtbaren Doppeltürmen und dem markanten Dekagon (Zehneck), das zu den größten Kuppelbauten des Abendlandes zählt. Die römischen Bauteile sind noch heute sichtbar. An St. Gereon lässt sich wunderbar erkennen, worin die besondere Schönheit der romanischen Kirchen Kölns zum Ausdruck kommt: Vom konstantinischen Bau aus dem 4. Jahrhundert über den Chor von 1065 und die späteren, gotischen Erweiterungen ergibt sich ein harmonisches Gefüge, das die unterschiedlichen Baustile flüssig miteinander verschmelzen lässt. Beim Blick von innen auf die rote, 34 Meter hohe und 21 Meter im Durchmesser umspannende Kuppeldecke kann einen angesichts solcher Monumentalität schon einmal der Schwindel erfassen. Ähnlich imponierende Ausmaße wie St. Gereon besitzt das mächtige **St. Aposteln** mit der Kontur seines makellos gezogenen Kleeblattchores. Den besitzt in abgewandelter Form auch das die Altstadt beherr-

Panorama mit Groß St. Martin, Dom und Rathausturm.

schende **Groß St. Martin**, dessen raffinierte Gliederung Arkadenreihen und Zwerggalerie so geschickt miteinander verbindet, dass sich die imposante Kirche mit ihrem eindrucksvollen Vierungsturm geschmeidig in das Rheinpanorama einfügt. **St. Andreas** ist die elegante Kirche der Dominikaner, in deren Konstruktion sich Spätromanik mit Hochgotik verbindet. Ein anderes Beispiel für diese gelungene Symbiose ist **St. Kunibert**, die jüngste der zwölf Kirchen. St. Maria Lyskirchen, die kleinste, aber im Krieg als einzige von Zerstörungen verschont gebliebene Kirche, besitzt noch die originalen Deckengemälde, so dass man hier eine Vorstellung von der Farbenpracht erhält, in der sich das mittelalterliche Leben abspielte.

Dass sich die Romanik so außerordentlich präsent zeigt wie in kaum einer anderen europäischen Stadt, liegt nicht alleine am Reichtum Kölns im 12. Jahrhundert, sondern auch an der

Präzise architektonische Symmetrien des Mittelalters: St. Aposteln.

Verarmung der Stadt, die während des Barocks einsetzte. Köln, eine der ältesten Hansestädte, verlor plötzlich mit seinem Binnenhafen an Bedeutung, weil das große Geld nun an den Küsten im Überseehandel verdient wurde. Immerhin hinterließ diese Epoche mit der unweit des Domes gelegenen Jesuitenkirche **St. Mariä Himmelfahrt** ein großartiges Beispiel für den Frühbarock. 1618 begann man mit dem Bau, den die Wittelsbacher als Kurfürsten von Köln im 17. Jahrhundert vollendeten. Abgesehen von diesem festlichen, barocken Farbtupfer bleibt das Mittelalter aber im Stadtbild dominierend. Seit dem 12. Jahrhundert stellte die 5,5 km lange Stadtmauer einen mächtigen Befestigungsring dar, der im 19. Jahrhundert von den Kölnern als eine Art steinerne Zwangsjacke empfunden wurde.

Weil Ihnen das Wesentliche wichtig ist.

Als der Mauerring 1881 geschliffen wurde, um Raum für die schnell fortschreitende Stadterweiterung zu schaffen, blieben zum Glück einige der schönsten Stadttore, wie die **Eigelstein-torburg** im Norden und die **Severinstorburg** in der Südstadt, erhalten. Im Westen öffnet sich die **Hahnentorburg** zur Aachener Straße und dem Belgischen Viertel hin. Folgt man dieser wichtigen Verkehrsachse, gelangt man nach **Melaten**, dem Friedhof, auf dem jeder Kölner einmal begraben sein möchte. Der Name erinnert an die „Maladen", gemeint sind die Lepra-kranken, die hier seit dem 12. Jahrhundert untergebracht waren. Gegen den Willen der Kölner wurde, einem Edikt Napoleons folgend, hier die Errichtung eines Friedhofes durchgesetzt. Die Kölner hatten ihre Toten zuvor in der Stadt im Umkreis ihrer Pfarrkirchen beigesetzt. Ein Spaziergang über Melaten lohnt sich nicht nur wegen der mit üppigem Figurenschmuck versehenen Grabmäler und der darauf verzeichneten berühmten Kölner Namen. Der rund zweihundert Jahre alte Anlage mit ihren abwechslungsreich gestalteten Alleen wohnt eine anmutige Atmosphäre inne, in der man eine belebende Auszeit vom Getriebe des Alltags nehmen kann.

Die Hahnentorburg ist ein übrig gebliebener Teil der alten Kölner Stadtmauer.

LITERATUR

Köln hat der Literatur eine eigene Sprache gegeben, nicht nur durch den Kölner Nobelpreisträger Heinrich Böll. Hier florieren literarische Institutionen und Events. Vom Literaturhaus über reichlich Lesungen bis zum Literaturfestival.

Seelenlandschaft Köln, Nobelpreis und lokale Kriminalgeschichten

Die vollständigen Adressen und Infos finden Sie im Register.

„Geboren bin ich in Köln, wo der Rhein, seiner mittelrheinischen Lieblichkeit überdrüssig, breit wird, in die totale Ebene hinein auf die Nebel der Nordsee zufließt, wo weltliche Macht nie so recht ernst genommen worden ist, geistliche Macht weniger ernst, als man gemeinhin in deutschen Landen glaubt". Diese Liebeserklärung an seine Heimatstadt stammt von **Heinrich Böll**, dem Literaturnobelpreisträger und Kölner Schriftsteller schlechthin.

Die bildende Kunst spielte in Köln immer die erste Geige im Reigen der Künste. Dafür mag der große Einfluss der katholischen Kirche ebenso verantwortlich gewesen sein wie der Charakter der vermögenden Gönner dieser Stadt und die Mentalität ihrer Bürger. Diese sind begeisterungsfähig und feiern gerne. Das Klischee ist hier bis in unsere Tage Teil der Realität geblieben. Die Kölner sind fraglos nicht zum Grübeln veranlagt. Eine große literarische Vergangenheit, wie sie Berlin und München mit der Salonkultur des 19. Jahrhunderts haben, besitzt Köln nicht.

Gleichwohl ist die Stadt durch die Internationalität ihres Handels und ihrer Kunstschätze immer ein Anziehungspunkt für Autoren gewesen. Herman Melville reiste in die Domstadt, um deren Rubensbilder anzuschauen. Eine endlose Reihe literarischer Größen von Tacitus bis Petrarca, Casanova, Goethe und Dostojewski zeigte sich zwar beeindruckt von den Lebensverhältnissen in der Stadt am Rhein, aber Wurzeln schlugen eher die philosophischen Geister wie Albertus Magnus und Thomas von Aquin. Der Wuppertaler Friedrich Engels arbeitete hier zur Zeit der Revolution von 1848 mit dem Trierer Karl Marx an der revolutionären Neuen Rheinischen Zeitung. Mit dem 20. Jahrhundert spiegelt sich das Fluidum der Stadt dann konkret in Werken namhafter Autoren wieder. Guillaume Apollinaire, der als Hauslehrer nach Köln kam, zeichnete in seinem Hauptwerk „Alcools" ein beklemmendes Bild des Bürgertums. Zu seinen Fans zählten die Dada-Künstler aus dem Kreis um den Brühler Max Ernst und Johannes Theodor Baargeld, die in Köln eine „Zentrale" ihrer Bewegung eröffneten. Irmgard Keun lernte hier, das Großstadtleben zu schätzen und zu verfluchen, bevor sie nach Berlin ging, um dann allerdings ihren Lebensabend wieder in Köln zu verbringen. Hilde Domin blieb in ihrer Lyrik geprägt von der glücklichen Kindheit auf der Riehler Straße. Hundert Meter weiter wohnte Heinrich Böll, mit dem sie gern spazieren ging.

Über den Literaturnobelpreisträger Heinrich Böll hat Köln in die Weltliteratur Eingang gefunden. Sein Werk verzeichnet in umfangreichen Passagen das Schicksal der schwer verwüsteten Stadt. Über das Ausmaß dieser Katastrophe gab es in der deutschen Literatur lange ein hartnäckiges Schweigen. W. G. Sebald und Hans Magnus Enzensberger brachen in den Neunzigerjahren diesen Bann mit der Veröffentlichung von literarischen Zeugnissen über den Anblick der zerstörten Altstadt.

Es waren ausländische Autoren wie George Orwell und Janet Flanner, die Worte für den Zustand einer Stadt fanden, die „bar jeder Gestalt" an ihrem Flussufer lehnte. Erst 1992 glaubte man, Heinrich Bölls Roman „Der Engel schwieg" – in dem die Bilder des Jahres 1945 eingebrannt sind – seiner Leserschaft zumuten zu können. Durch das vom Wiederaufbau mit oftmals kalt und stillos gestalteter Fassade versehene Köln zog Rolf Dieter Brinkmann in den Sechzigern von der Engelbertstraße aus und schrie seine Wut über die Hässlichkeit der neuen Konsumgesellschaft eindringlich heraus.

Mit topographischer Genauigkeit hat Jürgen Becker in seinen lyrischen Texten die Stadt und vor allem ihr Umland vermessen – eine von Köln ausgehende Kartographie der deutschen Seele. Seit seinem Sensationserfolg „Felder" aus dem Jahre 1964 haben seine Texte auf immer wieder überraschende Weise an Intensität gewonnen. Neben den beiden ist es Dieter Wellershoff, der zunächst als Lektor des Kölner Kiepenheuer & Witsch Verlages – und später als Autor – das Bild von Köln in der Literatur des ausgehenden 20. Jahrhunderts geprägt hat. Die Südstadt ist sein Wohnquartier, von hier aus durchstreift er die Stadt, während er an Beziehungsromanen wie „Zikadengeschrei" oder „Der Liebeswunsch" arbeitet.

Da die Kölner selbst davon überzeugt sind, dass sie in einer ganz besonders interessanten Stadt leben, hat sich hier ein guter Humus für das Genre des Köln-Krimis entwickelt, in denen die Stadt auf originelle Weise in diversen Kriminalgeschichten erkundet wird – eine wahre Bestsellerschmiede. Seit den Achtzigern erfasst die Kölner zudem eine ungeahnte Begeisterung für Autorenlesungen. Zunächst war es die **Zentralbibliothek am Neumarkt**, die Literaten aus aller Welt an den Rhein zu locken wusste. Die **Buchhandlung Klaus Bittner** erwarb sich einen internationalen Ruf als Ort, an dem subtile Begegnungen zwischen Publikum und Autoren gepflegt werden. Einzigartige Lesungen von John Berger und Uwe Johnson sind Legenden, an die man sich immer noch gern erinnert. Auch die **Lengfeld'sche Buchhandlung** setzte Zeichen mit einer fünfjährigen Veranstaltungsreihe, bei der Marcel Prousts Roman „Auf der Suche nach der verlorenen Zeit" Besucherscharen anlockte. Inzwischen entwickelte sich Köln innerhalb der deutschen Verlagsszene zu einer Art Testfeld für junge Autoren, denn der Hunger nach literarischen Events scheint unstillbar. Alleine das Literaturfestival **lit.Cologne** bringt in jedem Frühjahr an zehn Tagen 50.000 Menschen auf die Beine, die den neuesten Entwicklungen des Buchmarktes lauschen. Tatsächlich löst das Festival Jahr um Jahr eine Art kulturellen Ausnahmezustand in der Stadt aus. Über das Jahr hinweg entwickelt sich hingegen das **Literaturhaus** zum Zentrum des Veranstaltungslebens. Als kluger Schachzug erwies sich der Umzug vom Media Park in den Kölner Süden, wo das Literaturhaus und das Forum für Fotografie nun in einem Komplex residieren und sich spannende Verbindungen zwischen den

Kunst, ins Leben getragen: Jedes Jahr findet die Kölner Veranstaltung „Poesie in der Stadt" statt.

beiden Künsten ergeben. Obwohl es eines der jüngsten Literaturhäuser im deutschsprachigen Raum ist, präsentiert es sich mit dem vielleicht engagiertesten Programm. Konsequent werden junge Autoren und die Szene der internationalen Popliteratur präsentiert. Andererseits bot das Literaturhaus William Gaddis, einem in den USA lange verkannten Klassiker der modernen amerikanischen Literatur, den letzten großen Auftritt vor seinem Tode. Stets ist der Blick auf die Traditionen der europäischen Literatur gerichtet, und zugleich finden sich die aktuellen Themen der Saison im Programm des Literaturhauses wieder. Einen alljährlichen Höhepunkt stellt die Aktion „Ein Buch für die Stadt" dar, in deren Verlauf über 100 Veranstaltungen in Stadt und Region zu einem Buch abgehalten werden. Die Verkaufszahlen von Rafael Chirbes Roman „Die schöne Schrift" etwa schnellten sogleich auf weit über 20.000 Exemplare hoch. Ein Novum in Deutschland ist die 2007 gegründete Sektion des **Jungen Literaturhauses Köln**, das vor allem Jugendliche mit Lesungen und Workshops für die Literatur gewinnen will. Im engen Dialog mit Autoren und Journalisten soll der Blick in die Werkstatt den Teenagern Mut machen, das Handwerk des Schreibens selbst zu erlernen.

Leser sind neugierige Menschen, die Vielfalt ihrer Interessen muss sich für sie im Angebot des Buchmarktes niederschlagen, und da vermag Köln auch im Zeitalter der elektronischen Medien noch eine interessante Landschaft ausgefallener Buchhandlungen vorzuweisen. Nur rund hundert Meter sind am Neumarkt die beiden großen Buchhäuser **Thalia** und **Mayersche Buchhandlung** voneinander getrennt. Im Bereich des Kunstbuches gehört die **Buchhandlung Walther König** zu den führenden Adressen in Europa. Für Freunde der Kriminalliteratur stellt die Krimibuchhandlung Alibi eine mörderische Herausforderung dar, denn hier bekommt man alles, vom englischen Häkelkrimi bis zu den Hardboiled-Krimis aus den USA. Wer gerne isst und sich für Witziges, Skurriles oder einfach Gediegenes aus dem Angebot internationaler Kochbücher interessiert, sollte sich Zeit für den **BuchGourmet** nehmen. Wer schließlich im intimen Kreis Texten lauschen möchte, die von Autoren oder Schauspielern gelesen werden, der kann in der sommerlichen Reihe „Literatur in den Häusern der Stadt" private Residenzen und ihre kunstsinnigen Eigentümer kennen lernen.

INSTITUTIONEN

Aus Kölns Kulturleben sind sie nicht wegzudenken: die vielfältigen Organisationen mit ihrem reichhaltigen Kulturprogramm. Hier wird geforscht, hier wird diskutiert, hier finden Begegnungen statt.

Akademien, Stiftungen und Kulturinstitute

Die vollständigen Adressen und Infos finden Sie im Register.

Die Trümmer des Krieges waren noch nicht geräumt, da spielten die Kulturen der Nachbarn schon eine wichtige Rolle im städtischen Leben Kölns. Die Briten eröffneten mit dem British Council in Köln ihre erste Niederlassung in Deutschland. Fast fünfzig Jahre später schlossen sie dieses fruchtbare Kulturzentrum, um sich stärker auf die neue Hauptstadt Berlin zu konzentrieren. Solche Verluste schmerzen auch deshalb, weil in den Kulturinstituten Kontakte zwischen Autoren, Künstlern, Musikern und ihrem Publikum geknüpft werden. Das einstmals aktive Amerika-Haus steht mittlerweile unter öffentlich-rechtlicher Trägerschaft der kürzlich gegründeten Nachfolgeinstitution „Amerika-Haus NRW e. V." und soll auch weiterhin als Ort für die Förderung des transatlantischen Dialogs zur Verfügung stehen. Geplant ist auch eine Renovierung des denkmalgeschützten Hauses. Umso erfreulicher, dass im Italienischen Kulturinstitut und im Französischen Kulturinstitut europäische Nachbarn die Fülle ihres kulturellen Reichtums präsentieren. Die Franzosen setzen Schwerpunkte in Literatur und bildender Kunst, während die Italiener durch solide erarbeitete Filmreihen und eindrucksvolle Ausstellungen zeitgenössischer Fotografie überraschen, ohne dabei die Literatur zu vergessen.

Gleich gegenüber den Italienern liegt das Japanische Kulturinstitut, ein kulturelles Kleinod, das kontinuierlich Einblick in die aktuellen Entwicklungen dessen gibt, was japanische

Eine Tradition bürgerlichen Engagements für Kultur repräsentiert der Kölner KunstSalon.

Künstler bewegt. Gehaltvolle Auseinandersetzung mit Kunst, Philosophie und Zeitgeist ganz anderer Art bietet die katholische Karl Rahner Akademie mit ihrem niveauvollen Weiterbildungsprogramm.

Die Tradition bürgerlichen Engagements für die Belange der Kunst vertritt der KunstSalon auf einzigartige Weise. Hier redet man ein gewichtiges Wort mit, wenn es um die Kulturpolitik der Stadt geht, und realisiert jede Menge eigene Ideen. Die beiden Festivals „Literatur in den Häusern der Stadt" und „Musik in den Häusern der Stadt" laden zu Veranstaltungen in privaten Räumen ein. Außerdem verleiht man Stipendien, wie etwa den Deutschen Drehbuchpreis und das begehrte Villa-Aurora-Stipendium, das jungen Künstlern einen Aufenthalt in der ehemaligen Villa von Lion Feuchtwanger in Hollywood ermöglicht. Nichts geht mehr in Köln ohne die SK-Stiftung Kultur der Stadtsparkasse. Kultur für Kinder im Rahmen von Theater und Literatur bietet die Stiftung über das ganze Jahr hinweg. Mit dem Kölner Theaterpreis würdigt man die Produktionen der freien Szene, während man mit der im Herbst stattfindenden Kunstfilmbiennale der Domstadt ein einzigartiges Filmfestival bescherte. Die Stiftung ist auch im Deutschen Tanzarchiv und dem August-Sander-Archiv aktiv.

SK Stiftung Kultur der Stadtsparkasse Köln
Im Mediapark 7
Köln-Innenstadt
F: 0221 / 226 57 91, 0221 / 226 24 33
U: Christophstraße / Mediapark
Ö: InfoPoint der SK Stiftung Kultur: Mo-Fr 9-12 und 14-18 Uhr
M: akademie@ sk-kultur.de
I: www.koelsch-akademie.de, www.sk-kultur.de

Akademie för uns kölsche Sproch

Indigenes Spracheninstitut mit Diplomabschluss

Wie in kaum einer anderen Stadt Deutschlands gibt es in Köln eine starke Lobby für den heimischen Dialekt. Einmalig in Europa ist in diesem Bereich die „Akademie för uns kölsche Sproch". Laut Selbstdefinition steht sie für den Erhalt und die Förderung einer lebendigen und zeitgemäßen kölschen Sprache, die immer mit der Geschichte und Kultur der Stadt Köln sowie den vielfältigen Lebensarten ihrer Bewohner in Zusammenhang steht. Die Akademie bietet unter anderem Seminare, Konzerte und Lesungen – auf Kölsch. Auch ein Kölsch-Examen und ein Kölsch-Diplom können erworben werden. Und es gibt ein Archiv für Kölsch.

Kartäuserwall 20
Köln-Südstadt
F: 0221 / 278 36 85, 01805 / 58 78 42 (Karten)
U: Chlodwigplatz
Ö: je nach Veranstaltung
E: je nach Veranstaltung
M: kontakt@altes-pfandhaus.de
I: www.altes-pfandhaus.de

Altes Pfandhaus

Kulturzentrum in der Südstadt

Das 1820 gegründete Pfandhaus ist klein aber fein. Neben einem Ausstellungsareal und einer stilvollen Lounge hat es einen 300 Plätze umfassenden Veranstaltungsraum mit intimer Akustik. Das Publikum sitzt wie in einem Amphitheater um die Bühne herum, und zwar so, dass jeder jeden sehen kann. Das Programm besteht aus exquisitem Jazz, Klassik und Kammermusik.

Art Loss Register

Auf den Spuren verschollener Klassiker

Obenmarspforten 7-11
Köln-Innenstadt
S & U: Dom / Haupt-
bahnhof
F: 0221 / 257 69 96
M: cologne@artloss.com
I: www.artloss.com

Das 1990 gegründete „Art Loss Register" ist die größte private Datenbank für verschollene Kunstwerke. Hauptsitz ist London, Köln eine Dependance. 30 Mitarbeiter sind rund um den Globus mit der Identifizierung und Wiederbeschaffung gestohlener Kunstwerke befasst. Die Datenbank, die monatlich um 1.000 Kunstgegenstände anwächst, verzeichnet derzeit etwa 130.000 vermisste Werke. Mit über 500 Einträgen führt Picasso die Liste verschwundener Klassiker an, gefolgt von Miro, Dali und Renoir.

Artothek

Leihhaus für Kunst

Am Hof 50
Köln-Innenstadt
F: 0221 / 22 12 23 32
S & U: Dom / Haupt-
bahnhof
Ö: Mo-Do 13-19,
Fr 10-17
M: artothek@
museenkoeln.de
I: www.museenkoeln.
de/artothek

Seit 30 Jahren bietet die Artothek die Möglichkeit, Werke aktueller Kunst auszuleihen. Mehr als 1.400 Bilder und Objekte stehen in dem spätgotischen Bürgerhaus aus dem 15. Jahrhundert bereit. Für zehn Wochen kann man die Kunstwerke mit nach Hause nehmen. Der schlichte Raum dient außerdem als Präsentationsfläche für Ausstellungen vor allem von Kölner Künstlern und will zugleich ein Ort der Begegnung für Galeristen, Künstler und Kunstfreunde sein.

E-Werk und Palladium

Zentrum der Unterhaltungskultur

Schanzenstraße 37
Köln-Mülheim
F: 0221 / 96 79-908,
0221 / 28 01 (Karten)
U: Keupstraße
Ö: je nach Veranstaltung
E: je nach Veranstaltung
M: info@koeln-event.de
I: www.e-werk-koeln.de

Schanzenstraße 36
Köln-Mülheim
F: 0221 / 96 79-0,
0221 / 28 01 (Karten)
U: Keupstraße
Ö: je nach Veranstaltung
E: je nach Veranstaltung
M: info@koeln-event.de
I: www.palladium-
koeln.de

In einem ehemaligen Industriegebäude ist das „E-Werk" im Stadtteil Mülheim untergebracht und hat sich seit seiner Inbetriebnahme im Jahr 1991 zu einem der Zentren der Kölner Unterhaltungskultur entwickelt. Rund 400.000 Menschen kommen alljährlich hierhin. Unter den bislang aufgetretenen Künstlern finden sich Namen mit großem Klang wie Kid Creole & The Coconuts, Black Sabbath, Emerson, Lake & Palmer, Meat Loaf, Alison Moyet und Status Quo. Im E-Werk hat auch die Stunksitzung ihre Spielstätte gefunden. Die Mutter des alternativen Karnevals ist inzwischen fest in Köln etabliert. Auf der anderen Seite der Schanzenstraße liegt das „Palladium", eine 4.000 Menschen fassende Veranstaltungshalle mit eigenem Programm.

Fast wie Cinderellas Castle: Das E-Werk in Mülheim ist ein Zentrum der Unterhaltungskultur.

Maybachstraße 111
Köln-Innenstadt
F: 0221 / 22 27 10-0,
0221 / 99 20 93 71
(Karten)
S & U: Hansa-Ring
E: 6,50 €, erm. 6 €
M: scc@koelner-
filmhaus.de
I: www.koelner-
filmhaus.de

Brabanter Straße 53
50672 Köln
F: 0221 / 93 48 76 61
U: Friesenplatz
M: info@filmsociety.de
I: www.filmsociety.de

Hahnenstraße 6
Köln-Innenstadt
F: 0221 / 310 68 13
U: Neumarkt / Rudolf-
platz
E: 5 €
M: programm@
filmclub813.de
I: www.filmclub813.de

Filmhaus Köln, Filmsociety, Filmforum NRW, Filmclub 813

Treffpunkte für Cineasten

Mit über 400 Mitgliedern ist das Kölner Filmhaus die größte Initiative von Filmemachern und Filminteressierten in Deutschland. Das alte Backsteingebäude in der Maybachstraße 111 beherbergt neben dem Programmkino Büro-, Seminar- und Technikräume. Hier kann man sich weiterbilden, Geräte ausleihen und Unterstützung für erste Filmprojekte finden. Am anderen Ende der Stadt, im südlich gelegenen Kunstsalon, ist die erste Publikumsgesellschaft für den Arthouse-Film zu Hause. Die Filmsociety lädt zu Premieren und Previews ein, organisiert Sonderprogramme und Spezialreihen und verknüpft cineastische Ereignisse interdisziplinär mit Musik, Theater, Oper, Tanz, bildender Kunst und Literatur. Acht Organisationen vom WDR bis zur alternativen Vereinigung KinoAktiv nutzen den Kinosaal des Museum Ludwig als Abspielstätte und nennen sich Filmforum NRW. Das Programm ist entsprechend vielseitig. Der zur Zeit interessanteste Ort für Cineasten in Köln ist das Kino **Die Brücke**, das von den Enthusiasten des Filmclub 813 betrieben wird. Kölns heimliche Cinemathek zeigt Filmreihen von Bergman und Godard über die großen Western bis zu herrlich Abseitigem.

Kölnarena

Deutschlands größte Veranstaltungshalle

Kaum war Deutschlands größte Veranstaltungshalle im rechtsrheinischen Deutz fertig gestellt, da hatten die Kölner die „Kölnarena" schon „Henkelmännchen" getauft. Der 76 Meter hohe, das Dach überspannende Stahlbogen lässt die ganze Konstruktion tatsächlich an solch ein altes Warmhaltegefäß erinnern. Auf 83.700 Quadratmetern Nutzfläche bietet die Arena 20.000 Zuschauern Platz. Bis zu 1.000 Mitarbeiter kümmern sich um Sicherheit, Service und die Gastronomie mit 60 Imbissständen, drei Bars, zwei Restaurants, VIP-Gourmetständen, zwei Banketträumen und bewirteten Logen. Sir Paul McCartney, U2 und Elton John gastierten hier ebenso wie Luciano Pavarotti, André Rieu und das Riverdance Ensemble.

Willy-Brandt-Platz 3
Köln-Deutz
F: 0221 / 80 20, 0221
/ 80 21, 0221 / 28 01
(Karten)
S: Köln-Deutz
U & B: Bahnhof Deutz /
Kölnarena
E: Führungen 5,50 € ,
erm. 2,60 €
M: contact@koelnarena.
de, ticketshop@
koelnarena.de
I: www.koelnarena.de

Tanzbrunnen

Eines der schönsten Open-Air-Areale

Das 30.000 Quadratmeter große Tanzbrunnengelände mit dem Tanzbrunnen, einem der schönsten Open-Air-Areale Deutschlands, dem Theater am Tanzbrunnen und den Rheinterrassen mit Biergarten und Restaurants liegt in Deutz. Der Blick von den Rheinterrassen auf den Kölner Dom entlockt nicht nur lokalpatriotisch voreingenommenen Kölnern tiefe Seufzer des Gefallens. Tiefe Seufzer hört man häufig auch einige Meter weiter am Tanzbrunnen. Bei der Kultveranstaltung „Linus' Talentprobe" stellen sich Nachwuchssänger dem „härtesten Publikum der Welt". Die Talentproben finden alle zwei Wochen statt. Darüber hinaus findet man im Tanzbrunnensehr angesagte DJ-Kultur, die hipsten Funkhaus-Europa-Partys und den besten Drum `n` Bass!

Rheinparkweg 1
Köln-Deutz
F: 0221 / 821 31 83,
0221 / 28 01 (Karten)
S: Köln-Deutz
U: Bahnhof Deutz /
Messe
E: je nach Veranstaltung
M: info@koelnkongress.
de
I: www.koelnkongress.
de, www.linus-
talentprobe.de

Zentralarchiv des Internationalen Kunsthandels

Fundgrube voller Geschichten

Eine Schenkung des Galeristen Hein Stünke, der dem Bundesverband deutscher Galerien sein Galerie-Archiv überließ, führte 1992 zur Gründung eines zentralen Archivs, in dem die

Im Mediapark 7
Köln-Innenstadt
F: 0221 / 20198 71
U: Christophstraße /
Mediapark
Ö: Mo-Fr 10-16 Uhr
E: frei
M:info@zadik.info
I: www.zadik.info

Geschichte des Kunsthandels und der Beziehungen zwischen Galeristen, Sammlern und Händlern aufgearbeitet wird. Mittlerweile beinhaltet der Bestand 5.000 Plakate, 300.000 Fotos und eine Spezialbibliothek zur Geschichte des Kunsthandels, Kunstkritiken und die Archive von 80 Galerien, 7 Sammlern und 6 Fotografen, außerdem Künstlerbriefe, Projektskizzen und zahlreiche andere Dokumente. Das „Zadik" gibt Kataloge und die Zeitschrift „Sediment" heraus, veranstaltet Ausstellungen, betätigt sich als Leihgeber und ist auf Kunstmessen präsent – ganz im Sinne von Hein Stünke, der mit seiner Schenkung den Wunsch nach einer lebendigen Einrichtung verbunden hatte.

Und natürlich ist das Archiv eine Fundgrube für Wissenschaftler, die in den Räumen im Mediapark eine Fülle an Material finden. Zu den spektakulärsten Neuzugängen der jüngeren Zeit gehört das Archiv der Galerie Thannhauser, des führenden deutschen Händlers für van Gogh und Picasso. Von besonderem Interesse ist die Korrespondenz mit den Künstlern; aufschlussreich ist auch der Blick in die Kundendatei, in der sich Prominente wie der Schriftsteller Somerset Maugham, Schauspieler Anthony Quinn und Dirigent Arturo Toscanini befinden.

Hier kommt im Freien schnell gute Stimmung auf: der Kölner Tanzbrunnen.

Medienstadt Köln

Die vollständigen Adressen und Infos finden Sie im Register.

Köln ist eine Stadt mit „Sendungsbewusstsein". Hier tummeln sich besonders die audiovisuellen Medien und sind im täglichen Leben kaum zu übersehen – pro Jahr werden allein rund 1.200 Genehmigungen für Dreharbeiten erteilt. Köln ist als Medienmetropole mit seinen kleinen und großen Superlativen europaweit rekordverdächtig. Es war ein langer Weg von der Gründung der „Westdeutschen Rundfunk AG" 1926 bis zum erfolgreichsten deutschen Sender der Nachkriegszeit, dem **Westdeutschen Rundfunk (WDR)**, der von seinen konservativen Kritikern der Adenauerzeit gern als „Rotfunk" beschimpft wurde. Legendäre Journalisten wie Peter von Zahn prägten seine Frühzeit, Werner Höfer erfand hier 1952 den „Internationalen Frühschoppen", Willy Millowitsch machte durch den WDR die gesamte Nation mit kölschem Humor und Dialekt vertraut. Nicht zu vergessen die „Sportschau", die es seit 1961 gibt und das kritische Magazin „Monitor" (seit 1965). Doch schon lange ist dem WDR mit Deutschlands größtem Privatsender RTL in Köln ein Nebenbuhler entstanden. Seit Anfang 1988 sendet der große Private vom Rhein und bestimmt seitdem die „„Richtlinien" für Geschmack und Format im Bereich Entertainment auf Deutschlands Wellen. Nach anfänglichem Fehlstart hat sich seit Mitte der Neunzigerjahre auch der Privatsender Vox behauptet. Selbstverständlich lässt auch die Konkurrenz von Prosieben/SAT1 in Köln produzieren. Überhaupt ist die Stadt durch eine geschickte Medienpolitik zu einem wichtigen Standort der deutschen Medienindustrie geworden. In Ossendorf und Mülheim befinden sich große Studiokomplexe – alleine die **Magic Media Company** TV-Produktionsgesellschaft (MMC) betreibt 34 Studios. Rund ein Drittel des gesamten deutschen TV-Programms entsteht in Köln, und etwa 20 Prozent aller in Deutschlands audiovisuellen Medien Beschäftigten arbeiten hier.

DURCHS JAHR

Köln bietet an 365 Tagen gute Unterhaltung. Und immer wieder Events, die die Stadt bewegen. Vom Karneval bis zur Art Cologne, von der Photokina bis zur Langen Nacht der Museen und wieder zurück zum Karneval.

F: 0221 / 574 00-0
S & U: Dom / Haupt-
bahnhof
M: info@koelner
karneval.de
I: www.koelner
karneval.de, www.
stadt-koeln.de/
koelntourismus

Februar/März

Karneval

Fünf Tage Ausnahmezustand

Karneval, meint der russische Kulturphilosoph Michail Bachtin, sei das „Fest der alles vernichtenden und alles erneuernden Zeit". Soviel ist sicher: Im Karneval steht alles Kopf, nichts gilt mehr. Mit der Weiberfastnacht und der forschen Tradition des Schlipsabschneidens beginnt die heiße Phase der Kölner Narren. Um 11 Uhr 11 eröffnet der Oberbürgermeister auf dem Alten Markt in der Kölner Altstadt den Straßenkarneval. Bis zum Höhepunkt Rosenmontagszug mit rund einer Million Zuschauern an der 6,3 Kilometer langen Strecke befindet sich die Stadt anschließend in einem dauerhaften Ausnahmezustand wie zu Zeiten der römischen Saturnalien. Am Karnevalsdienstag trudeln die Jecken langsam aus und die Gottesdienste am Aschermittwoch bieten Gelegenheit, im guten rheinisch-katholischen Sinn Buße für die Sünden der vergangenen Tage zu tun.

Maria-Hilf-Straße 15-17
Köln-Südstadt
F: 0221 / 28 01
(Karten)
U: Chlodwigplatz
M: info@litcologne.de
I: www.litcologne.de

März

lit.COLOGNE

Internationales Literaturfest am Rhein

Seit der Jahrtausendwende gibt es diese internationale Begegnung zwischen Autoren und Lesern, die bei dieser Gelegenheit zu geduldigen Zuhörern werden. Fast jedes Jahr kann dieses erfolgreiche Literaturfest auf neue Superlative verweisen. 2008 kamen zu den fast 150 Veranstaltungen 65.000 literaturbegeisterte Zuhörer und Zuschauer. Jedes Jahr beginnt das Festival mit einer Eröffnungsgala in der Kölner Philharmonie. Moderatoren wie Marcel Reich-Ranicki und Elke Heidenreich sorgen für die notwendige gute Stimmung. Für Kinder gibt es die lit.kid.COLOGNE mit allein 13.000 jungen Besuchern 2008. Der WDR verleiht gemeinsam mit der WDR mediagroup zum Abschluss den Deutschen Hörbuch Preis.

Kunst in Aktion auf der Art Cologne. Die Mutter aller Kunstmessen, zeitweilig in der Krise, ist wieder im Kommen.

Kölnmesse GmbH
Messeplatz 1
Köln-Deutz
F: 0221 / 821 32 15,
0221 / 28 01 (Karten)
S & U: Bahnhof Köln-
Deutz
E: Tageskarte 20 €,
Zweitageskarte 30 €
M: artcologne@
koelnmesse.de
I : www.artcologne.de

April

Art Cologne

Frischer Wind im Kunstfrühling

Die „Mutter aller Kunstmessen" steckte zuletzt tief in der Krise. Zahlreiche Konkurrenten machten ihr mächtig zu schaffen, auch der Umzug in neue Hallen kam bei Ausstellern und Besuchern nicht gut an. Mit vereinten Kräften wird jetzt das Image

wieder aufpoliert. Dazu trägt der neue Termin im Frühjahr ebenso bei wie ein neuer Direktor, der internationale Teilnehmer akquirieren will, die der Messe in den letzten Jahren den Rücken gekehrt hatten. Die Art Cologne gibt einen Überblick über die Kunst des 20. und des 21. Jahrhunderts. Mit spektakulären Projektpräsentationen wartet der Bereich „Open Space" auf, der zu den Innovationen der letzten Jahre gehört. Entdeckungen lassen sich bei den jungen Galerien machen, die unter der Überschrift „New Contemporaries" firmieren; Einblicke in die Trends von morgen geben die „New Talents", die von einer fachkundigen Jury ausgewählt werden. Die zahlreichen Galerien der Stadt krönen den ersten Messetag traditionell mit einem gemeinsamen Eröffnungsabend.

April

c/o Studiobühne Köln
I: www.studiobuehne-koeln.de

Theaterszene Europa

Blick über den theatralischen Tellerrand

Was einmal als Übungsstätte für theorielastige Theaterwissenschaftler gedacht war, ist längst für die gesamte Alma Mater da, und nicht nur für die: Die Kölner Studiobühne ist ein Theaterlaboratorium, das aus der Theaterszene nicht mehr wegzudenken ist. Seit 1982 wirft diese ungewöhnliche Institution alljährlich im Rahmen des Festivals „Theaterszene Europa" einen Blick über den theatralen Tellerrand. Eine Woche lang präsentiert sich ein europäisches Gastland mit Produktionen seiner freien Szene. Was dann in der Studiobühne in geraffter Form zu sehen ist, addiert sich zu einem fast immer repräsentativen theatralen Länderporträt. Doch damit aus der Gastspieleinbahnstraße auch eine Begegnung wird und die ausländischen Gäste auch hiesige Produktionen sehen können, werden auch mehrere deutsche Gruppen eingeladen.

April/Mai

F: 0221 / 925 71
63 90, 0221 / 28 01
(Karten)
M: mtk@koelnmusik.de
I: www.MusikTriennale
Koeln.de

MusikTriennale Köln

Ein spartenübergreifendes Gesamtkunstwerk – alle drei Jahre

Kölns ambitioniertestes Musikfest ist ohne Zweifel die „MusikTriennale Köln". Alle drei Jahre wird ein aufwendiges Programm erstellt, um Klassiker der Moderne und zeitgenössische Musik wie auch Jazz, Folklore und Pop einem breiten Publikum vorzustellen. Dafür sucht die Musik ungewohnte Wege und Spielorte, auf mehr als dreißig Bühnen verteilen sich die rund 150 Events dieses Festivals. Schwerpunkte setzen Komponistenportraits sowie die Akzentuierung fremder Kulturen. 2007 widmete sich die Triennale alleine in 150 Veranstaltungen dem Werk des Komponisten Luciano Berio. 2010 startet die nächste Auflage dieses musikalischen Abenteuers. Erstmals gab es nun auch die MusikTriennale 2-20 für Kinder und jugendliche Musikfans.

Festivalbüro Roma-
nischer Sommer Köln
c/o Kulturamt Köln
Richartzstraße 2-4
50667 Köln
Veranstalter:
musik+konzept e. V.
F: 0221 / 55 25 58,
0151 / 12 80 91 46
E: je nach Veranstaltung
M: kontakt@roma-
nischer-sommer.de
I: www.romanischer-
sommer.de

Juni

Romanischer Sommer

Alte Musik in romanischen Kirchen

Glanzvoller Abschluss des Romanischen Sommers ist immer ein Konzert in der romanischen Basilika St. Maria im Capitol, der traditionsreichsten Kirche Kölns. Während dieser musikalischen Sommertage sind zwei Kölner Highlights zu einer glücklichen Ehe vereint. Alte Musik hat am Rhein eine solide Tradition, und eine solche Vielzahl romanischer Kirchen gibt es nur in Köln. Stimmungsvoll lässt sich so eine musikalische Wanderung durch die Stadt mit einem klangvollen Erlebnis großer kölnischer Geschichte verbinden.

Musikalische Dialoge zwischen den Kontinenten: auf der MusikTriennale Köln.

Festivalbüro:
c/o Comedia
Löwengasse 7-9
50676 Köln
F: 0221 / 399 60 21
I: www.spielarten-
nrw.de

Juli

SpielArten

Das Beste aus Nordrhein-Westfalen

Nicht genug, dass das Kölner Kinder- und Jugendtheater Ömmes & Oimel neben seinen hiesigen Vorstellungen noch durch
die Lande tourt, seit ein paar Jahren veranstaltet das Ensemble jährlich das Festival SpielArten. Wie der Name schon sagt,
soll hier die gesamte Breite des Theaterangebots für Kinder
und Jugendliche zu sehen sein: von Sprechtheater über Mu-
sikproduktionen, Tanz, Clownsspiele bis zum Puppentheater.
Beteiligt waren zuletzt 13 nordrhein-westfälische Städte, die
für jeweils eine Woche ihre schönsten und innovativsten Kin-
der- und Jugendtheaterproduktionen des vergangenen Jahres
ausgetauscht haben. Ein umfangreiches Rahmenprogramm,
Projektwochen für Erzieher und Aktionstage komplettieren
das Programm.

Kölner Lesben- und
Schwulentag e. V.
Beethovenstraße 1
50674 Köln
F: 0221 / 169 09 88
CSD-Parade: Start-
punkt: Ottoplatz, Köln
Deutz
S: Köln-Deutz
U: Bahnhof Deutz /
Kölnarena, Bahnhof
Deutz / Messe,
Deutzer Freiheit, Dom
/ Hauptbahnhof,
Heumarkt
M: info@csd-cologne.
de, office@klust.org
I: www.csd-cologne.de,
www.colognepride.de

Juli

Cologne Pride

Die kölsche Community feiert Christopher Street Day

Seit 1991 ist der Christopher Street Day fester Bestandteil im
Kölner Event-Kalender, und die Parade zählt nach denen in New
York, San Francisco und Amsterdam zu einer der größten der
Welt – auch wenn die Berliner das nicht gerne hören. Im Rekord-
jahr 2002 gingen und fuhren 50.000 Teilnehmer in der Parade
mit, 1,4 Millionen Menschen säumten den Zugweg. Die rege
Beteiligung der nicht-homosexuellen Bevölkerung hat mehrere
Gründe: Erstens feiern Kölner gut und gerne und zum anderen
hat es vermutlich wirklich etwas mit in Köln gepflegter Offen-
heit, Toleranz und, nicht zuletzt, Neugier zu tun. Cologne Pride
hat sich zu einem Festival mit Sport-, Kultur- und Diskussions-
veranstaltungen entwickelt, das sich über 14 Tage erstreckt. Die
Paraden werden von Freitag bis Sonntag abgehalten.

Gelände am Fühlinger
See
Fühlingen
F: 0711 / 23 85 05 0,
0221 / 28 01 (Karten)
T: 121 Oranjehofstraße
E: je nach Veranstaltung
M: info@summerjam.
de, office@contour-
music.de
I: www.summerjam.de

Juli

Summer Jam

Europas größtes Reggae-Festival am Fühlinger See

Meist am selben Wochenende wie die Cologne Pride findet mit
dem Summer Jam in Köln Europas größtes Reggae-Festival
statt. Hier spielten unter anderem Third World, Jimmy Cliff,
Ziggy Marley und Junior Kelly. In den letzten Jahren kamen

ERLEBEN SIE KULTUR VON ALLEN SEITEN

Die Kulturverführer: Eine Buchreihe, die einen kenntnisreichen Blick hinter die Kulissen der Kulturmetropolen wirft. Journalistisch geschrieben und üppig bebildert.
Berlin, Düsseldorf, Frankfurt, Hamburg, Köln, Leipzig, München, Ruhrgebiet, Stuttgart und Wien – aktuell erhältlich im Buch- und Zeitschriftenhandel, unter www.kulturverfuehrer.de oder telefonisch unter +49 (0)40-279 32 50

Kultur
ver **führer**
KULTUR ZUM ERLEBEN

zu der dreitägigen Open-Air-Party rund 70.000 Zuschauer und verwandelten das Gelände am Fühlinger See im Kölner Norden in eine Mischung aus großem Ferien-Zeltlager, Mini-Woodstock und karibischem Strand.

Juli bis September

Sommer Köln

Spektakel für Daheimgebliebene

Wenn die Theater in die wohlverdienten Ferien gehen, ruft die Stadt Köln zusammen mit der Kulturstiftung der Sparkasse Köln/Bonn den „Sommer Köln" aus. Damit daheimgebliebene Kinder und Erwachsene auch auf ihre Kosten kommen und ein bisschen weite Welt schnuppern, bitten alljährlich während der Sommerferien internationale Theaterspektakel, Konzerte und Kindertheatervorstellungen zum Picknick im Grünen. „Umsonst und draußen" ist das Stichwort und dementsprechend groß ist der Andrang. Dass es bei den Veranstaltungen selten ohne Feuer und Feuerwerk abgeht, dafür sorgen spektakelerfahrene Truppen wie Fura dels Baus, Jo Bithume, Theater Titanick und XARXA Theatre.

Festivalbüro:
SK Stiftung Kultur
Mediapark 7
Köln-Innenstadt
F: 0221 / 226 24 33
U: Christopherstraße /
Mediaplatz
E: frei
M: info@sommerkoeln.
de, pr@sk-kultur.de
I: www.sommerkoeln.
de, www.sk-kultur.de

August

c/o pop

Festival für elektronische Popkultur

Seit 2004 konnte sich das Festival schnell in die erste Liga der Festivals katapultieren. Nachdem die Popkomm der Domstadt untreu geworden und nach Berlin abgewandert ist, hat sich der Nachfolger c/o pop nach der Devise „klein aber fein" bei der Kritik schnell Freunde gemacht. „Ein Mekka für Liebhaber amibtionierter Popmusik", schrieb die „tageszeitung". Neueste Crossovers aus dem Bereich der elektronischen Kunst sieht und hört man hier in Zukunft jedes Jahr im August, stets auf dem ambitionierten Weg von analog zu virtuell. Köln hatte schon immer eine Nase für Avantgarde.

Büro:
Wissmannstraße 30
50823 Köln
F: 0221 / 954 39 190,
0221 / 28 01 (Karten)
Ö: je nach Veranstaltung
E: je nach Veranstaltung
M: info@c-o-pop.de
I: www.c-o-pop.de

September

Beethovenfest Bonn

Jubel um den Sohn der Stadt auf höchstem Niveau

1845 wäre Beethoven 75 Jahre alt geworden: Grund für die Bonner Bürger, ein erstes Beethovenfest zu feiern. Kommende Jubelfeste wie 2020 und 2027 haben zur Bewilligung eines eigenen Festspielhauses geführt, einer weiteren Philharmonie

Internationale Beethovenfeste Bonn GmbH
Kurt-Schumacher-Straße 3
53113 Bonn
F: 0228 / 20 10-345,
0180 / 500 18 12
(Karten)
E: je nach Veranstaltung
M: info@beethovenfest.
de
I: www.beethovenfest.
de

am Rhein. Unter dem Motto „Macht.Musik" rückt das Festival 2008 – noch ohne eigenes Haus – politisch markante Orte in Bonn wieder ins Bewusstsein: den früheren Plenarsaal, das Palais Schaumburg und das Grandhotel auf dem Petersberg werden zu Konzertsälen, in denen Beethovens Musik erklingt. 2.000 Künstler werden erwartet, darunter Kurt Masur, der alle Sinfonien Beethovens interpretieren wird. Eine besondere Note des Beethovenfestes ist die mutige Auseinandersetzung mit der Musik zeitgenössischer Komponisten.

Der Klarinettist David Orlowsky auf dem Bonner Beethovenfest.

F: 0221 / 28 01 (Karten), 0221 / 221-304 00
E: 15 €
M: mspering@hotmail.com
I: www.koelner-musiknacht.de, www.musikscene-koeln.de

September

Kölner Musiknacht

Die Stadt klingt

Alles, was sich dreimal bewährt hat, wird in Köln zur Tradition erklärt. Am 20. September 2008 entführt die 4. Kölner Musiknacht alle Musikfans auf verschlungene Pfade, denn rund 25 Spielorte werden für 100 Konzerte erschlossen, von denen einige ansonsten strenger Funktionalität obliegen. Alphörner dröhnen im Treppenhaus des Oberlandesgerichts, Galerieräume werden zur Bühnenfläche für expressiven Ausdruckstanz und freie Improvisation, Cafés verwandeln sich zur intimen Videolounge mit live gespielter Filmmusik. 300 Musiker sorgen für eine aufregende Konzertnacht zwischen Renaissance-Musik in romanischen Kirchen und improvisierter Musik auf den Avantgardebühnen.

Harmonie im Quartett: Auftritt zur Kölner Musiknacht.

September

Internationale Fotoszene Köln

Kunst zur Photokina

Schönhauser Straße 8
50968 Köln
F: 0221 / 923 59 87,
0221 / 340 18 30
M: vp@neumann-luz.
de, ipk@photo
szene-koeln.de
I: www.photoszene.de;
www.photokina.de

Alle zwei Jahre, und das nun schon seit über zwei Jahrzehnten, wird Köln im September zum Mekka der Fotokunst. Parallel zur eher technisch ausgerichteten Photokina findet dann das Lichtbild mit dem Prädikat „künstlerisch besonders wertvoll" seine Zuschauer und Bewunderer. Und zwar quer durch die Stadt, in Kunstinstitutionen ebenso wie in Ladenlokalen, privaten Wohnungen und Obdachlosenheimen. Je nach dem, welche Kulisse zu welchem Motiv am besten passt.

LebensArt –
zwischen Dom und Messe.

Das zukunftsorientierte Businesshotel und die Residenz für Kulturinteressierte.
Den Kölner Dom vor der Tür und die pulsierende Altstadt und den Hauptbahnhof um die Ecke.
Stilvolle Atmosphäre, New Media-Ausstattung und ausgefallene Freizeitangebote garantieren
ein anspruchsvolles Hotelkonzept mit dem gewissen Etwas.
Das ist *LebensArt* mitten in Köln.

LINDNER
★ ★ ★ ★
HOTEL DOM RESIDENCE
KÖLN

Stolkgasse/An den Dominikanern 4a • D-50668 Köln
Telefon +49-(0)221-16 44-0 • Telefax +49-(0)221-16 44-442
info.domresidence@lindner.de • www.lindner.de

c/o Studiobühne der
Universität
F: 0221 / 28 01
E: 17 €
M: info@theaternacht.de
I: www.theaternacht.de

Oktober

Kölner Theaternacht

Theatralische Short Cuts als Appetizer

Spätestens als 2001 im Karneval die Fußtruppe „Theaternacht"
auftauchte, war klar: Köln hat eine neue Tradition begründet.
Schon die „dritte kölner theaternacht" zählte 38 beteiligte
Theater, von der Oper bis zum Wohnzimmertheater und inzwischen hat sich das nächtliche Theaterhopping zur Institution
entwickelt. Von 20 bis 4 Uhr morgens wird gespielt, geprobt,
getanzt, gelesen und zum Genuss verführt. Short Cuts oder
ganze Akte, offene Proben, Talk in der Garderobe, Hausführun-
gen, Musik im Foyer, szenische Lesungen, Tanz: Insgesamt 150
Einzelvorstellungen machen die Wahl zur Qual. In der Regel
beginnen die Programme zur vollen Stunde und dauern maxi-
mal 45 Minuten. Shuttle-Busse verkehren im 15-Minuten-Takt
auf sechs verschiedenen Routen; das erworbene Ticket gilt in
dieser Nacht außerdem für den gesamten Kölner Nahverkehr.

Köln Comedy Festival
GmbH
Schanzenstraße 22
Köln-Mülheim
F: 0221 / 65 09 65 01,
0221 / 28 01 (Karten)
U: Keupstraße
E: je nach Veranstaltung
M: info@koeln-comedy.
de
I: www.koeln-comedy.
de, www.house-of-
comedy.de

Oktober

Internationales Köln Comedy Festival

Dem Blödeln längst entwachsen

Als Achim Rohde 1991 das Internationale Köln Comedy Festival ins Leben rief, lud er auch einen Comedian aus Ostwestfa-
len ein, zu dessen Vorstellung gerade einmal 80 Zuschauer kamen. Sein Name: Rüdiger Hoffmann. Comedy hatte damals in
Deutschland noch keinen guten Namen. Inzwischen kann man
die Comedians kaum noch zählen und das Kölner Festival hat
sich zum Höhepunkt der jährlichen Comedysaison gemausert.
Ob Trendsetter oder Talent, es gibt kaum einen Künstler, der
noch nicht in Köln aufgetreten ist. Aus den 40 Vorstellungen
im ersten Jahr ist eine zweiwöchige Großveranstaltung mit 140
Vorstellungen an 22 Spielorten geworden. Und längst sind die
Grenzen zwischen Comedy, Kabarett und Kleinkunst fließend
geworden; unter Stars wie Anke Engelke, Michael Mittermaier
und Wigald Boning mischten sich auch der Chansonier Georg
Kreisler und der Literat Wladimir Kaminer. Als Krönung wird
am Ende des Festivals der deutsche Comedy-Preis verliehen.

Das Mosaik einer
Kölner Villa aus
römischen Zeiten im
Römisch-Germani-
schen Museum. Hier
während der Langen
Nacht der Museen.

Veranstaltungsbüro:
Quettinger Straße 196
51381 Leverkusen
E: je nach Veranstal-
tung
M: festival@leverku-
sener-jazztage.de
I: www.leverkusener-
jazztage.de

Leverkusener Jazztage

Jazz-Zirkus zwischen Köln und Düsseldorf

2009 feiern die Leverkusener Jazztage ihr 30-jähriges Bestehen. Weder der rege Kreis um den Traditional in Düsseldorf
noch die avantgardistische Szene Kölns haben es geschafft,
Festivalgeschichte im Jazz zu schreiben. In der Vergangenheit gastierten deshalb Heerscharen amerikanischer Heroen
des Jazz im Forum der Farbenstadt am Rhein. Das Festival hat
sich im neuen Jahrtausend noch stärker populären Events des
Blues, Rock und Pop zugewandt.

November

Lange Nacht der Museen

Sturm auf die Kunst

Die Lange Nacht der Kölner Museen führt den Stadtvätern alljährlich vor Augen, dass ihre Sparpolitik gegenüber den Museen an den Bedürfnissen der Bürger vorbeizielt. Der Besucheransturm in den im Herbst stattfindenden Museumsnächten ist überwältigend. Auch wenn man ein Freund des eher kontemplativen Kunstgenusses ist, lohnt es sich, bei diesem Event dabei zu sein. Wann hat man schon einmal die Möglichkeit, Barockmusik auf genau jenen Instrumenten zu hören, die auf den Bildern der Barockmaler im Wallraf-Richartz-Museum/ Fondation Corboud zu sehen sind? Im Museum für Ostasiatische Kunst zischen die Teekessel nach den Kompositionen des Klangkünstlers Bernhard Gal oder es werden Performances mit nackten Körpern von der amerikanischen Choreographin Dyane Neiman im Museum Ludwig gezeigt. 40 Häuser sind beteiligt an der Langen Nacht, in jeder Institution gibt es ein auf das Haus abgestimmtes Programm und an jedem Ort ist für kulinarische Stärkung gesorgt – von Bruschetta bei den Italienern bis zum Sushi bei den Japanern.

Organisationsbüro: StadtRevue Verlag GmbH Maastrichter Straße 49 50672 Köln F: 0221 / 951 54 10, 0221 / 28 01 (Karten) U: Neumarkt (Startpunkt) E: 14,50 € M: info@museums nacht-koeln.de I: www.museums nacht-koeln.de

November

Cologne Fine Art & Antiques

Kunst und Kunsthandwerk

Das Profil ist neu und grenzt sich deutlich von der Art Cologne ab. Hier wird im Herbst Kunst und Kunsthandwerk aus zwei Jahrtausenden ausgestellt – Jugendstil und Art Deco sowie außereuropäische Kunst aus Asien und Afrika. Das geht von Möbeln über antiquarische Bücher bis zur Grafik. Im strikten Sinne Zeitgenössisches findet bewusst nicht statt. Alles ist aus der Zeit mindestens vor 1980. Also: gediegen und mit kunstvoller Patina.

Kölnmesse GmbH Messeplatz 1 Köln-Deutz F: 0221 / 821 32 15, 0221 / 28 01 (Karten) S & U: Bahnhof Köln-Deutz M: h.koenig@ koelnmesse.de, info@ koelnmesse.de I: www.cologne fineart.de

November

11.11.

... schon wieder Karneval

Die karnevalslose Zeit findet mit der Sessions-Eröffnung am 11.11. ihr Ende. Wieder mal ist es der Kölner Alte Markt, auf dem mehrere tausend Menschen mit Pappnase im Gesicht und Kölschglas in der Hand den kollektiven Frohsinn genießen. Im Übrigen wird gesungen und geschunkelt: Die ausgelassene Saison ist eröffnet.

REGISTER

Der Service zur Orientierung im Großstadtdschungel: von A wie Akademie för uns kölsche Sproch bis Z wie Zentralbibliothek. Köln kompakt. Adressen, Kontakte und Seitenzahlen.

F	Fon
S	S-Bahn
U	U-Bahn
B	Bus
T	Tram
Ö	Öffnungszeiten
E	Eintrittspreise
M	E-Mail
I	Internet

SCHAUSPIEL KÖLN

(Foto: Die Trilogie der Sommerfrische /
La trilogia della villeggiatura, © Klaus Lefebvre)

TICKETHOTLINE 0221/22128400
WWW.SCHAUSPIELKOELN.DE

Stadt Köln

M: info@figgevonrosen.com
I: www.figgevonrosen.com

Film+ S. 70
c/o Schnitt Verlag
Breite Straße 118-120
Köln-Innenstadt
F: 0221 / 285 87 06
M: info@filmplus.de
I: www.filmplus.de,
www.schnitt.com

Filmhaus Köln S. 149
Maybachstraße 111
Köln-Innenstadt
F: 0221 / 22 27 10-0,
0221 / 99 20 93 71
(Karten)
S & U: Hansa-Ring
E: 6,50 €, erm. 6 €
M: scc@koelner-filmhaus.de
I: www.koelner-filmhaus.de

Filmpalast Köln S. 68
Hohenzollernring 22-24
Köln-Innenstadt
F: 0221 / 25 62 88
U: Rudolfplatz
E: 4,50-8 €
M: koelnfilmpalast@cinestar.de
I: www.cinestar.de

Filmpalette S. 68
Lübecker Straße 15
Köln-Innenstadt
F: 0221 / 12 21 12
S & U: HansaRing
E: 6,50 €, erm. 6 €

Filmsociety e. V. Köln S. 149
Brabanter Straße 53
50672 Köln
F: 0221 / 93 48 76 61
U: Friesenplatz
M: info@filmsociety.de
I: www.filmsociety.de

Forum Alte Musik Köln S. 40
Konzerte im Deutsch-landfunk-Sendesaal
Raderberggürtel 40
Köln-Bayenthal
F: 0221 / 55 25 58
E: 15 €, erm. 10 €
M: spering@musik-in-koeln.de
I: www.forum-alte-musik-koeln.de

Forum für Zeitgenössische Fotografie S. 130
Schönhauser Straße 8
Köln-Bayenthal

F: 0221 / 340 18 30
U: Schönhauser Straße
Ö: Mi- Fr 14-18, Sa 12-18, So 12-16 Uhr
E: 2 €, erm. 1 €
M: info@forum-fotografie.info
I: www.forum-fotografie.info

Französisches Kulturinstitut S. 146
Sachsenring 77
Köln-Innenstadt
F: 0221 / 931 87 70
U: Eifelstraße
Ö: Mo-Do 9-12 und 15-18 Uhr
M: contact@institut-francais-cologne.eu
I: www.ifcologne.de

Freies Werkstatt Theater S. 14, 32
Zugweg 10
Köln-Südstadt
F: 0221 / 32 78 17
U: Chlodwigplatz
E: 16 €, erm. 10 €
M: fwt-koeln@t-online.de
I: www.fwt-koeln.de,
www.altentheater.de

Früh em Veedel S. 66
Chlodwigplatz 28
Köln-Südstadt
F: 0221 / 31 44 70
U: Chlodwigplatz
Ö: Mo-Sa 11-1 Uhr
M: gastronomie@frueh.de
M: verkauf@frueh.de
I: www.frueh.de

Fuhrwerkswaage Kunstraum S. 126
Bergstraße 79
Köln-Sürth
F: 02236 / 610 49
T: Sürth
Ö: Mi-Fr 17-19, So 14-17 Uhr
M: fuhrwerkswaage@t-online.de
I: www.fuhrwerks-waage.de

Futur 3 S. 23
c / o Freihandelszone
Rolandstraße 63
Köln-Südstadt
F: 0221 / 98 54 524,
0221 / 98 54 530
(Karten)
U: Chlodwigplatz
E: je nach Veranstaltung
M: info@futur-drei.de
I: www.futur-drei.de,
www.freihandelszone.org

G

Galerie Benden & Klimczak S. 108
St.-Apern-Straße 17-21
Köln-Innenstadt
F: 0221 / 257 97 27
U: Friesenplatz, Appell-hofplatz
Ö: Di-Fr 11-18,
Sa 11-16 Uhr
M: info@benden-klimczak.com
I: www.galerie-benden-klimczak.de

Galerie Benninger S. 114
Moltkestraße 99
Köln-Innenstadt
F: 0221 / 952 21 98
U: Moltkestraße
Ö: Di-Fr 15-19,
Sa 12-16 Uhr
M: info@galerie-benninger.de
I: www.galerie-benninger.de

Galerie Sebastian Brandl S. 113
Brüsseler Straße 4
Köln-Innenstadt
F: 0221 / 22 29 97 93
U: Rudolfplatz
Ö: Di / Mi 10-13, 14-18, Do 10-13, 14-20,
Fr 10-13 Uhr
M: info@sebastian-brandl.com
I: www.sebastian-brandl.com

Galerie Binz & Krämer S. 120
Anna-Schneider-Steig 3 / Wohnwerft
Tiefgaragen-Aufgang 6.02
Köln-Rheinauhafen
F: 0221 / 931 11 70
T: Ubierring
Ö: Di-Fr 13-18,
Sa 12-18 Uhr
M: galerie@binz-kraemer.de
I: www.galerie-binz-kraemer.de

Galerie Boisserée S. 107
Drususgasse 7-11
Köln-Innenstadt
F: 0221 / 257 85 19
U: Hauptbahnhof
Ö: Di-Fr 10-14 und 15-18, Sa 11-15 Uhr

M: galerie@boisseree.com
I: www.boisseree.com

Galerie Daniel Buchholz S. 108
Neven-DuMont-Straße 17
Köln-Innenstadt
F: 0221 / 257 49 46
U: Appellhofplatz
Ö: Di-Fr 13-18 Uhr,
Sa 11-16 Uhr
M: post@galerie buchholz.de
I: www.galeriebucholz.de

Galerie Luis Campana S. 119
An der Schanz 1A
Köln-Riehl
F: 0221 / 25 67 12
S: Boltensternstraße
Ö: Di-Sa 14-18 Uhr
M: info@luis-campana.de
I: www.luiscampana.de

Galerie Gisela Capitain S. 108
St.-Apern-Straße 20-26
Köln-Innenstadt
F: 0221 / 355 70 10
U: Appellhofplatz
Ö: Di-Fr 10-18,
Sa 11-18 Uhr
M: info@galerie-capitain.de
I: www.galerie-c apitain.de

Galerie Claudia Delank S. 130
Schaafenstraße 43
Köln-Innenstadt
F: 0221 / 2718506
U: Rudolfplatz
Ö: Di-Fr 14-19,
Sa 11-16 Uhr
M: info@delank.com
I: www.delank.com

Galerie Fiebach & Minninger S. 116
Venloer Straße 26
Köln-Innenstadt
F: 0221 / 510 40 40
U: Hans-Böckler-Platz, Friesenplatz
Ö: Di-Fr 11-13 und 15-18, Sa 15-18 Uhr
M: gallery@fiebach-minninger.com
I: www.fiebach-minninger.com

Galerie Julia Garnatz S. 116
Rolandstraße 83
Köln-Südstadt

F: 0221 / 340 62 97
U: Chlodwigplatz
Ö: Di-Fr 14-18 Uhr,
Sa 12-16 Uhr
M: info@juliagarnatz.com
I: www.juliagarnatz.com

Galerie Vera Gliem S. 119
An der Schanz 1a
Köln-Riehl
F: 0221 / 257 47 06
S: Boltensternstraße
Ö: Di-Sa 14-18 Uhr
M: info@vera-gliem.de
I: www.vera-gliem.de

Galerie Karsten Greve S. 106
Drususgasse 1-5
Köln-Innenstadt
F: 0221 / 257 10 12
U: Hauptbahnhof
Ö: Di-Fr 10-18.30 Uhr,
Sa 10-18 Uhr
I: www.galerie-karsten-greve.com

Galerie Rachel Haferkamp S. 121
Eigelstein 112
Köln-Innenstadt
F: 0221 / 139 32 59
U: Ebertplatz
Ö: Di-Fr 14-19 Uhr
M: info@rachel haferkamp.de
I: www.rachel haferkamp.de

Galerie Hammelehle & Ahrens S. 119
An der Schanz 1a
Köln-Riehl
F: 0221 / 287 08 00
S: Boltensternstraße
Ö: Di-Sa 14-18 Uhr
M: mail@haah.de
I: www.haah.de

Galerie Gabriele Heidtmann S. 121
Palmstraße 21-23
Köln-Innenstadt
F: 0221 / 257 43 83
U: Rudolfplatz
Ö: Di / Mi 16-19 Uhr,
Fr 14-19 Uhr,
Sa 11-16 Uhr
M: info@gabriele heidtmann.de
I: www.gabriele heidtmann.de

Galerie Rolf Hengesbach S. 120
Schönhauser Straße 8
Köln-Bayenthal
F: 0221 / 357 96 04
U: Schönhauserstraße
Ö: Di-Fr 14-18.30,

H

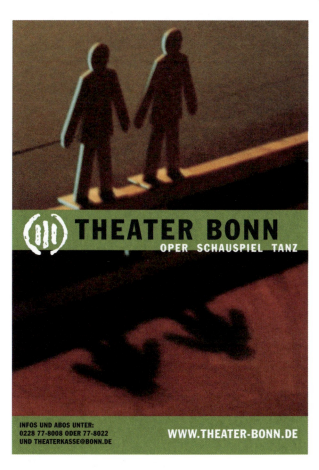

Burgallee 2
Köln-Wahn
F: 02203 / 60 09 20
S: Porz-Wahn
Ö: Mo-Fr 10-16.30 Uhr
M: tws-bibliothek@
uni-koeln.de
I: www.schloss-wahn.de

Tsunami Club   **S. 57**
Im Ferkulum 9
Köln-Südstadt
F:: 0221 / 801 63 34
U: Chlodwigplatz
Ö: je nach Veranstaltung
E: je nach Veranstaltung
M: info@tsunami-club.de
I: www.tsunami-club.de

U

Underground   **S. 57**
Vogelsanger Straße
200
Köln-Ehrenfeld
F: 0221 / 54 23 26,
0221 / 28 01 (Karten)
U: Venloer Straße /
Gürtel
Ö: je nach Veranstaltung
E: je nach Veranstaltung
M: info@underground-
cologne.de
I: www.underground-
cologne.de

V

Vampire   **S. 60**
Rathenauplatz 5
Köln-Innenstadt
(Kwartier Latäng)
F: 0221 / 240 12 11
U: Dasselstraße, Zülpi-
cher Platz
B: Roonstraße
Ö: Di-Do 20-1, Fr / So
20-3 Uhr

**Van Ham
Kunstauktionen
Köln**   **S. 123**
(Kunsthaus am
Museum)
Schönhauser Straße
10-16
Köln-Bayenthal
F: 0221 / 925 86 20
S: Schönhauser Straße
Ö: Mo-Fr 10-17 Uhr, Sa
10-13 Uhr
M: info@van-ham.com
I: www.van-ham.com

**Venator &
Hanstein**   **S. 123**
Cäcilienstraße 48
Köln-Innenstadt
F: 0221 / 257 54 19
U: Neumarkt
Ö: Di-Fr 10-13 und
14.30-18 Uhr,
Sa 10-13 Uhr
M: info@venator-
hanstein.de
I: www.venator-
hanstein.de

**Volkstheater
Millowitsch**   **S. 20**
Aachener Straße 5
Köln-Innenstadt
F: 0221 / 25 17 47,
0221 / 28 01 (Karten)
U: Rudolfplatz
E: 19-24 €
M: info@millowitsch.de
I: www.millowitsch.de

W

**Wallraf-Richartz-
Museum / Fondation
Corboud**   **S. 99**
Martinstraße 39
Köln-Innenstadt
F: 0221 / 22 12 76 93,
0221 / 22 12 11 19
B: Rathaus, Gürzenich
T: Heumarkt
Ö: Di / Mi / Fr 10-18,
Do 10-22, Sa / So
11-18 Uhr
E: 9 €, erm. 6 €
M: wallraf@museen
koeln.de
I: www.museenkoeln.de

WDR Big Band   **S. 48**
WDR-Konzerte im
Klaus-von-Bismarck-
Saal
Wallrafplatz 5
Köln-Innenstadt
F: 0221 / 28 01
(Karten), 0221 /
220-0 (WDR)
S: Heumarkt
U: Hauptbahnhof,
Appellhofplatz
I: www.wdr-orchester.de

WDR-Orchester   **S. 49**
WDR-Konzerte im
Klaus-von-Bismarck-
Saal
Wallrafplatz 5
Köln-Innenstadt
F: 0221 / 28 01
(Karten), 0221 /
220-0 (WDR)
S: Heumarkt

U: Hauptbahnhof,
Appellhofplatz
M: orchester@wdr.de
I: www.wdr-orchester.de

Weißer Holunder **S. 66**
Köln-Innenstadt
F: 0221 / 51 34 75
U: Christophstraße /
Mediapark
Ö: Mo-Do 16-1, Fr 16-2,
Sa 15-2, So 11-1 Uhr
M: nc-schieska@
netcologne.de
I: www.weisser-
holunder.de

**Westdeutscher
Rundfunk**   **S. 152**
Appellhofplatz 1
Köln-Innenstadt
F: 0221 / 220-0
S: Dom / Hauptbahn-
hof
U: Appellhofplatz,
Dom / Hauptbahnhof
M: publikumsstelle@
wdr.de, fernsehen@
wdr.de, radio@wdr.de
I: www.wdr.de

Westpol   **S. 58**
Hans-Böckler-Platz 2
Köln-Innenstadt
F: 0221 / 660 22 60
U: Hans-Böckler-Platz
Ö: Mo-Do 17-2, Fr 17-4,
Sa 19-4 Uhr
M: michael.siemer@
westendmedien.de
I: www.wp-cologne.de

Y

Yard Club   **S. 57**
Neusser Landstraße 2
Köln-Longerich
F: 0221 / 167 916 16
T: Wilhelm-Sollmann-
Straße
Ö & E: je nach Veran-
staltung
M: info@yardclub.de
I: www.yardclub.de

Z

**Zentralarchiv
des Internationalen
Kunsthandels
e. V.**   **S. 150**
Im Mediapark 7
Köln-Innenstadt
F: 0221 / 20198 71

U: Christophstraße /
Mediapark
Ö: Mo-Fr 10-16 Uhr
E: frei
M:info@zadik.info
I: www.zadik.info

**Zentral-
bibliothek**   **S. 143**
Josef-Haubrich-Hof 1
Köln-Innenstadt
F: 0221 / 22 12 38 28
U: Neumarkt
Ö: Di / Do 10-20, Mi /
Fr 10-18, Sa 10-15 Uhr
I: www.stbib-koeln.de

Impressum

Idee:
Helmut Metz

Konzept und Chefredaktion:
Dr. Rolf Hosfeld

Autoren:
Die Texte sind stark überarbeitete, aktualisierte und erweiterte Fassungen der zweiten Auflage 2005. Für die Überarbeitung des Textes Theater zeichnet Hans Christoph Zimmermann, für Musik Olaf Weiden, für Museen und Galerien Hanna Styrie, für Fotografie, Historisches und Literatur Thomas Linden, für Kinos und Szene die Redaktion, für Institutionen und Durchs Jahr alle Autoren sowie die Redaktion.

Der Verlag bedankt sich beim Kulturdezernat Köln, besonders bei Herrn Schelenz, für freundliche Unterstützung.

Redaktion:
Dr. Annette Schaefgen, Florian Streier

Gestaltung:
Tom Unverzagt

Bildredaktion:
Dr. Annette Schaefgen

Anzeigen und Marketing:
Birgitt Rickers

Verlagsleitung:
Peter Deisinger

Verlag:
© 2008
Helmut Metz Verlag
Corporate Publications
Andreasstraße 31
22301 Hamburg
Tel. 040 / 279 32 50
Fax 040 / 279 81 14
E-Mail: info@metz-verlag.com
www.metz-verlag.com

Bildnachweis:
Umschlag Titel (v. l. n. r.): Vorderseite: Bonner Beethovenfest; Jenny Nölle; Kölnmesse; Rückseite: Rüdiger Block; Kölnmesse; Klaus Lefebvre; Klappe vorne: Kölnmesse; Jörg Hejkal; Wolfgang Weimer; Klappe hinten: Thilo Beu; Gloria; Brauhaus Sünner im Walfisch; Innenteil: S. 9: Christian Brachwitz; S.10: Reinhard Werner, Burgtheater; S. 12: Thilo Beu; S. 13: picture-alliance/dpa; S. 14-18: Hydraproductions; S. 19: Hänneschen Theater; S. 20: picture-alliance/ dpa; S. 22: Wolfgang Weimer; S. 24: picture-alliance/dpa/dpaweb; S. 25: Nilz Böhme; S. 27: Michael Niermann; S. 29: Ursula Kaufmann; S. 30: Jenny Nölle; S. 31: Hydraproductions; S. 34: picture-alliance/ZB; S. 35: Klaus Lefebvre, S. 38: Thilo Beu, S. 39: Concerto Cöln/Genovesi; S. 40: Das Neue Orchester; S. 43: Gürzenich-Orchester/K. Rudolph; S. 45: Jörg Hejkal; S. 46: Sascha von Donat; S. 47: picture-alliance/akg-images/ Horst Maack; S. 48: WDR/Ines Kaiser, S. 52: picture-alliance/dpa; S. 54 kl. F. o.: picture-alliance/dpa; S. 54 u.: Alter Wartesaal; S. 55: Chris Rügge; S. 56: Michael Palm; S. 58: Stefan Worring; S. 60: Blue Lounge Bar; S. 61: Chris Rügge; S. 62: Gloria; S. 63: Brauhaus Sünner im Walfisch; S. 64: Wischmann/focus; S. 65: picture-alliance/dpa; S. 68: Filmpalette/ studio k; S. 69: Maria Schulz; S. 72: Bilderbuchmuseum; S. 74: Cynthia Rühmekopf; S. 77: Lothar Schnepf; S. 79: Richard Bryant/Arcaid; S. 81: Kunstmuseum Bonn; S. 83/87: Rheinisches Bildarchiv, Marion Mennicken; S. 90: Gert Jan van Rooij/© Tobias Rehberger; S. 92: Museum Schnütgen; S. 94: Römisch-Germanisches Museum der Stadt Köln, © Axel Thünker DGPh; S. 96: Rüdiger Block; S. 103: Uwe Spoering; S. 106: Galerie Karsten Greve; S. 107: Galerie Boisserée; S. 108: picture-alliance/KPA Copyright;

S. 109: Linke/laif; S. 111: Art Galerie 7; S. 113: Galerie Sebastian Brandl; S. 115: Galerie Julia Garnatz; S. 116: Alexa.Jansen.Galerie; S. 118: e-raum; S. 121: Galerie Ars Picturae; S. 124: Victor Dahmen; S. 126: Fotostudio Schaub; S. 128: Die Photographische Sammlung/SK-Stiftung Kultur/ August Sander Archiv, Köln 2003; VG Bildkunst, Bonn 2003; S. 129: Forum für Fotografie; S. 130: in focus Galerie; S. 131-136: Kölnmesse; S. 137/138: Bezjak/Rogozinski/Focus; S. 140: Kölnmesse; S. 142: picture-alliance/dpa; S. 143: Literaturhaus Köln; S. 146: L. Roth; S 149: Stefan Worring; S. 151: Kölnkongress/ Tanzbrunnen; S. 155: Kölnmesse; S. 157: Künstleragentur; S. 161: Bonner Beethovenfest; S. 162: Kölner Musiknacht; S. 167: Manfred Wegener / StadtRevue Verlag.

Abkürzungen:
kl. F. = kleines Foto
o. = oben
u. = unten
li. = links
re. = rechts
v. l. n. r. = von links nach rechts

Trotz umfangreicher Bemühungen von Seiten des Verlages ist es nicht in allen Fällen gelungen, die Rechteinhaber ausfindig zu machen. Rechtlich nachweisbare Ansprüche sind beim Verlag geltend zu machen.

Druck:
Mondadori Printing, Verona, Italien

Papier:
Gedruckt auf 100g/m², UPM-Fine , holzfrei weißes Naturoffsetpapier mit 1,2fach Volumen.

ISBN:
978-3-937742-29-8

Redaktionsschluss:
1. Juni 2008

Editorische Notiz

Köln ist eine schnell lebende Stadt. Während der Arbeit an diesem Buch haben sich in einigen Fällen die Adressen geändert, es sind neue Telefonnummern hinzugekommen oder alte gelöscht worden. Einige Adressen mussten schließen, andere haben neu geöffnet. Wenn Ihnen, liebe Leser, also etwas auffallen sollte, was nicht oder in Ihren Augen nicht genügend Beachtung gefunden hat, freuen wir uns über jeden Brief an den Verlag. Selbstverständlich auch über jeden Kommentar zum Buch.

KONZEPT / REDAKTION / GESTALTUNG

ROLF HOSFELD war unter anderem Redakteur beim *Merian*, stellvertretender Chefredakteur beim *Feinschmecker* und Kulturchef von *Die Woche*. Autor zahlreicher Bücher. In der von ihm herausgegebenen Reihe *Kulturverführer* erschienen bisher Berlin, Frankfurt/M., Düsseldorf, Hamburg, Köln, Leipzig, München, Ruhrgebiet, Stuttgart und Wien. Hosfeld lebt als freier Autor und Filmemacher in Berlin.

THOMAS LINDEN studierte Theater-, Film- und Fernsehwissenschaften, Germanistik und Philosophie. Er ist Autor und Dramaturg. Linden schreibt auch über Fotografie und arbeitet als Literatur-, Film- und Theaterkritiker für diverse Zeitungen, unter anderem die *Kölnische Rundschau, Berliner Zeitung, Berliner Morgenpost* und *Theater Rundschau*.

ANNETTE SCHAEFGEN arbeitet seit 2001 als freie Bildredakteurin für die Reihe *Kulturverführer*. Sie ist Historikerin und Autorin des Buches *Schwieriges Erinnern: Der Völkermord an den Armeniern* (Metropol Verlag). Nach Tätigkeiten als wissenschaftliche Redakteurin und Übersetzerin ist sie derzeit im Bereich Presse- und Öffentlichkeitsarbeit der Berlin-Brandenburgischen Akademie der Wissenschaften in Berlin tätig.

HANNA STYRIE studierte Germanistik, Theaterwissenschaften und Kunstgeschichte in Köln. Schreibt seit zwanzig Jahren als freie Autorin für verschiedene Medien, insbesondere für die *Kölnische Rundschau* und befasst sich hier vor allem mit der bildenden Kunst. Sie initiiert Ausstellungen und Konzerte und berät private Kultur-Initiativen bei der Planung und Durchführung spartenübergreifender Programme.

TOM UNVERZAGT arbeitet als freier Designer, vorrangig in interdisziplinären Projekten. Seine Arbeiten wurden mehrfach ausgezeichnet, unter anderem beim Wettbewerb „Schönste Bücher".

OLAF WEIDEN studierte an der Universität Köln Musikwissenschaften und Deutsche Philologie. Seit vielen Jahren arbeitet er als freier Journalist für verschiedene Tageszeitungen und Fachzeitschriften, seit 1989 als Musikkritiker der *Kölnischen Rundschau* mit den Schwerpunkten Jazz und Klassik im weitesten Sinne. Weitere Betätigungsfelder: Programmheftautor und -redakteur zahlloser philharmonischer Konzerte, Autor für Dokumentarfilme, Saxophonist in verschiedenen U-Musik-Bands, klassischer Tenor im Konzert- und Kirchenmusikbereich.

HANS-CHRISTOPH ZIMMERMANN studierte Theaterwissenschaften, Germanistik und Kunstgeschichte in Köln und Berlin. Engagements als Dramaturg an den Theatern in Mannheim, Gelsenkirchen und Heidelberg sowie beim Litag-Theaterverlag. Seit zehn Jahren arbeitet er als freier Mitarbeiter für zahlreiche Zeitungen (unter anderem *Bonner Generalanzeiger, Mannheimer Morgen*) und Zeitschriften sowie als Hörfunkautor für den *WDR* und *DeutschlandRadio Berlin*.